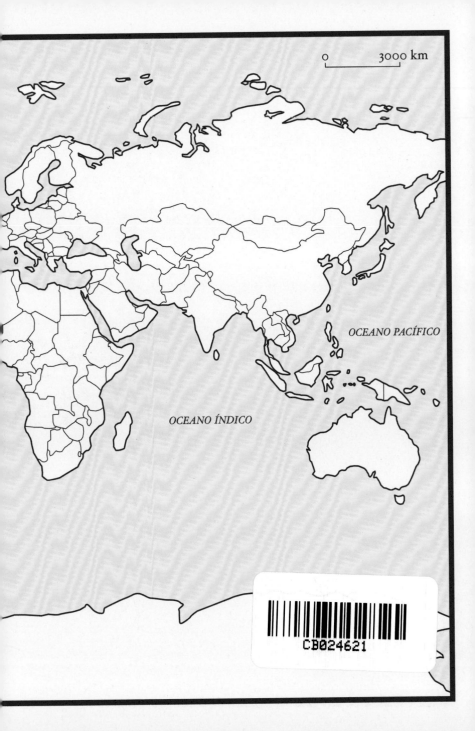

TINTA
DA
CHINA
ı brasil ı

Mário de Andrade

O TURISTA APRENDIZ

Viagens pelo Amazonas até o Peru, pelo Madeira
até a Bolívia e por Marajó até dizer chega

1927

Organização, apresentação e notas
FLORA THOMSON-DEVEAUX

Fotos
MÁRIO DE ANDRADE

SÃO PAULO
TINTA-DA-CHINA BRASIL
MMXXIV

Na lagoa do Amanium perto do igarapé de Barcarena
Manaus, 7 jun. 1927

SUMÁRIO

Apresentação: No rastro do Turista
Flora Thomson-DeVeaux
7

O TURISTA APRENDIZ
23

Apêndice
203

Sobre o autor
213

Sobre a organizadora
215

Nota editorial
217

Crédito das imagens
219

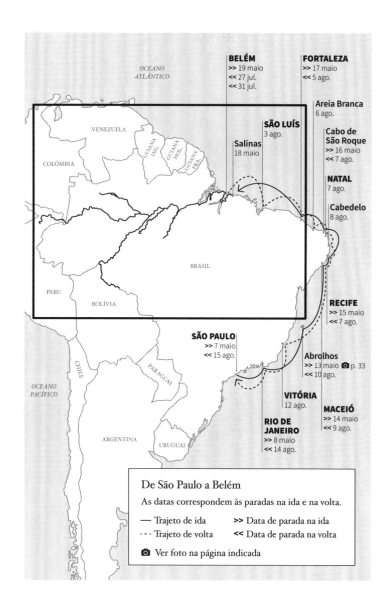

APRESENTAÇÃO
No rastro do Turista

*As viagens são os viajantes. O que vemos não é
o que vemos, senão o que somos.*

FERNANDO PESSOA

Todos os viajantes felizes se parecem. Cada viajante infeliz é infeliz à sua maneira. E poucos viajantes infelizes se sentindo deslocados e fora do lugar são tão interessantes quanto Mário de Andrade na Amazônia.

Numa carta a Manuel Bandeira, ele escreveu: "De domingo pra cá minha vida deu um salto-mortal danado".* Depois de sonhar com a Amazônia por anos, ele decidiu em cima do laço embarcar numa odisseia de três meses pelo grande rio — e agora estava "mandando à merda esta vida de merda" em São Paulo. Mário vinha se preparando pra tudo, menos isso; seu novo livro de poesia estava prestes a ser lançado, e ele planejava havia muito tempo uma viagem pelo Nordeste. Mas o convite se mostrou irresistível. Depois de algumas noites em claro, pegou dinheiro emprestado com o irmão e pediu uma licença do conservatório onde lecionava. O ano era 1927.

---

* Carta de 6 de abril de 1927. *Correspondência: Mário de Andrade e Manuel Bandeira*. Org., intr. e notas de Marcos Antonio de Moraes. São Paulo: Edusp: IEB, 2001, p. 339.

Era para ser uma expedição de escritores e pensadores modernistas ao coração da floresta brasileira. Quando Mário chegou no porto do Rio de Janeiro, no entanto — empunhando uma bengala que imaginou que poderia eventualmente salvá-lo de um ataque de jacarés ou formigões —, ele sofreu um baque. "Toda a gente roera a corda! Estamos apenas dona Olívia, e as duas moças." Dona Olívia era Olívia Guedes Penteado, dama da alta sociedade paulista e mecenas das artes, que organizou a viagem; as duas garotas eram a sobrinha de dona Olívia e uma amiga dela; e Mário foi o único convidado ilustre que aceitou. Naquele ponto, contudo, era tarde demais para cair fora.

Aos 33 anos, já fazia quase uma década que Mário Raul de Morais Andrade era o centro gravitacional da vanguarda artística paulista, gostasse ele ou não desse predicado — e, na maior parte do tempo, gostava. Tinha publicado vários livros de poesia, inclusive o tremendamente influente *Pauliceia desvairada*, que foi o pioneiro de uma de suas marcas registradas: a insistência em escrever no português que era falado no Brasil, e não no longínquo idioma ensinado nas gramáticas de influência europeia. Em 1922, liderou a organização da Semana de Arte Moderna de São Paulo, que foi o estopim do movimento modernista no Brasil. Num grupo de mentes brilhantes, Mário despontou como líder e era tido como papa do modernismo brasileiro — apelido que detestava (um amigo implorou para que ele apenas relaxasse e aceitasse o "papado").

Nos anos seguintes, Mário começou a se dedicar mais seriamente ao estudo do folclore brasileiro. Enquanto a *Pauliceia desvairada* incluía odes a sua frenética cidade natal, Mário começou a olhar para outras regiões do Brasil, tão diferentes da metrópole paulista que punham em xeque qualquer noção de unidade nacional. Em "Descobrimento", poema de 1925, ele se descreve em casa, à escrivaninha, diante de um livro aberto, e se vê atingido por um calafrio e uma revelação:

Não vê que me lembrei lá no norte, meu Deus! muito longe de mim,
Na escuridão ativa da noite que caiu,
Um homem pálido magro de cabelo escorrendo nos olhos
Depois de fazer uma pele com a borracha do dia,
Faz pouco se deitou, está dormindo.

Esse homem é brasileiro que nem eu...

Depois, em "Acalanto do seringueiro", poema companheiro de "Descobrimento", o poeta se esforça para alcançar um compatriota imaginário, cochilando no extremo oeste do Brasil:

Como será a escureza
Desse mato-virgem do Acre?
Como serão os aromas
A macieza ou a aspereza
Desse chão que é também meu?
Que miséria! Eu não escuto
A nota do uirapuru!...
Tenho de ver por tabela,
Sentir pelo que me contam,
Você, seringueiro do Acre,

Brasileiro que nem eu.
Na escureza da floresta
Seringueiro, dorme.

A expressão definitiva desse desejo de abraçar uma ideia de nacionalismo foi *Macunaíma: O herói sem nenhum caráter* — obra que desafia as categorias de gênero e que Mário descreveu como uma "rapsódia" —, a saga de um (anti-)herói mutante desde o nascimento na floresta, passando pela paisagem urbana brasileira, e de volta para a floresta. A maior parte foi escrita em 1926, num frenesi de seis dias na fazenda de um amigo, abastecido de cigarros e embalado pelo balanço de uma rede, sem nunca ter pisado as paisagens tropicais que ele trouxe à vida. Não que a ideia fosse descrever fielmente as florestas brasileiras — ao contrário, o livro é o que ele chamava alegremente de um caldeirão "desgeografizado" de flora, fauna, gírias, figuras históricas e lugares de todo o Brasil, quase nada localizado onde "deveria" ser.

O convite para viajar do Rio de Janeiro até a fronteira no extremo ocidente brasileiro, num vapor, pelos rios Amazonas e Madeira, chegou quando Mário estava revisando *Macunaíma*, que seria publicado no ano seguinte. Ele foi o primeiro a admitir que não era um grande viajante. Até mesmo quando os amigos faziam o que pareciam ser inevitáveis peregrinações transatlânticas e o incentivavam a visitar Paris, sob o risco de nunca entender o mundo moderno, Mário os repelia e fincava pé. Embora recebesse inúmeros convites para visitar a Europa, participar de colóquios nos Estados Unidos, na Argentina e em outros lugares, ele só pisou fora do território brasileiro nas breves ocasiões narradas aqui — alguns dias no Peru e uma tarde na Bolívia. A viagem pela Amazônia seria uma das grandes jornadas de sua vida.

Mário saiu de São Paulo no dia 7 de maio de 1927 e voltou no dia 15 de agosto. O roteiro está no título: *O turista aprendiz: Viagens pelo Amazonas até o Peru, pelo Madeira até a Bolívia e por Marajó até dizer chega* (uma paródia, entre outros tantos diários de viagem, das reflexões políticas e administrativas que seu avô materno Joaquim de Almeida Leite Morais fez em 1883, numa viagem "de S. Paulo à capital de Goiás, desta à do Pará, pelos rios Araguaia e Tocantins, e do Pará à Corte"). Viajaram de trem e de vapor, de canoa e de "automóveis de pó" e "de trote": de trem de São Paulo para o Rio, depois de vapor, subindo pela costa até Belém do Pará, na foz do Amazonas, de lá pelo grande rio até Iquitos, no Peru, passando por Manaus na descida de volta, e depois subindo o Madeira até a fronteira boliviana, e então descendo de volta, pelo Madeira, pelo Amazonas, pela ilha de Marajó e pela costa brasileira. Mário não deu palpites sobre o trajeto, que deve ter sido desenhado para servir aos interesses dos negócios da organizadora da viagem, que ele apelidou de Rainha do Café e a quem serviu de coadjuvante ao longo da viagem (num determinado momento, quando uma autoridade local fez um discurso de boas-vindas dirigido especificamente a ele, Mário quase caiu para trás).

A relação ambígua do escritor tanto em relação à viagem quanto ao processo de retratá-la em palavras é parte do que faz *O turista aprendiz* tão extraordinário. Assim como muitos de nós, ele fica dividido entre mergulhar de cabeça na viagem e passar o tempo transformando as experiências todas em narrativas — só que, ao contrário de tantos de nós, ele tem uma formidável bagagem mental de referências literárias, que simultaneamente enriquecem e ofuscam tudo o que ele vê. O diário de viagem se passa entre alusões aos primeiros cronistas do Brasil tropical, de José de Alencar a Pero Vaz de Caminha e Euclides da Cunha, e é pontuado por referências igualmente "desgeografizadas" que vão de Dante a Bocage. Seu desejo de conhecer a região, nutrido por muitos anos, funciona alternadamente como veneno e remédio: enquanto Mário se frustra com a falta de habilidade para enxergar algo de "útil" para fins literários, essa frustração faz brilhar ainda mais os momentos de acaso feliz da viagem.

O paradoxo da literatura de viagem parece sintetizado numa entrada de 7 de junho que descreve a grande vitória-régia amazônica: o ato de descrever tem o mesmo efeito que o do viajante que rema até a planta, corta o caule pra pegar a flor, "mas já estragando um bocado" no processo. Mário, um dos melhores e mais pródigos epistológrafos que a literatura brasileira já conheceu, enviou uma única carta durante toda a viagem, para o amigo e colega poeta Manuel Bandeira, e confessou que escrever a missiva "está me deixando numa tristeza que você não imagina".

> Vou tomando umas notinhas porém estou imaginando que viagem não produzirá nada, não. A gente percebe quando sairá alguma coisa do que vai sentindo. Desta vez não percebo nada. O êxtase vai me abatendo cada vez mais. Me entreguei com uma volúpia que nunca possuí à contemplação destas coisas, e não tenho por isso o mínimo controle sobre mim mesmo. A inteligência não há meios de reagir nem aquele poucadinho necessário pra realizar em dados ou em bases de consciência o que os sentidos vão recebendo.[*]

---

[*] Carta de junho de 1927. *Correspondência: Mário de Andrade e Manuel Bandeira*, op. cit., p. 346.

Essa volúpia na contemplação das coisas se aplica tanto a uma sensualidade corpórea quanto a um arrebatamento pela observação da natureza. Ao longo do livro, Mário faz notas tímidas de flertes com mulheres — de uma troca sem palavras com uma norte-americana que, segundo ele, "me amou eternamente, mas foi obrigada a ficar na Bahia porque não posso ter complicações", a um beijo de uma chinesa chamada Glória — ela "estava com um nome que não lhe pertencia e me era impossível beijá-la". Suas companhias mais constantes na viagem, no entanto, acabavam sendo "as duas moças", as jovens que acompanhavam Olívia Penteado: Margarida Guedes Nogueira e Dulce do Amaral Pinto, respectivamente com 19 e 21 anos, cujos nomes de início ele cita, mas depois esconde no texto com os apelidos Balança e Trombeta. Em vários momentos no livro, Mário relata — meio a sério, meio brincando — seus surtos de ciúme quando as garotas flertam com belos nativos que volta e meia se aventuram para dentro do barco. A curiosidade era mútua: Jason Tércio, biógrafo de Mário, conta que as garotas fizeram um furo com canivete na parede que as separava dele para poder espiá-lo em sua cabine de tempos em tempos — e descobrir que, na maior parte das vezes, ele estava escrevendo.

Entre a vasta obra inacabada de Mário está *Balança, Trombeta e Battleship: Ou o descobrimento da alma*, que ele rascunhou nas folhas que sobraram no fim de um caderno da viagem de 1927. Nessa novela, um batedor de carteiras inglês chamado Battleship desembarca no Rio e se envolve com duas molecas, Balança e Trombeta. O clímax da história — o "descobrimento da alma" — é uma sequência em que Battleship decide lavar as duas garotas em um riacho, e a "vergonha" de uma delas acaba por despi-los todos de suas virgindades — num sentido mais emocional que físico. Mário trabalhou na história ao longo dos anos 1930; um fragmento chegou a ser publicado em 1940, mas a íntegra (ainda que incompleta) só foi publicada em 1994, graças a esforços de Telê Ancona Lopez, pesquisadora e professora da Universidade de São Paulo.

A sexualidade de Mário foi, por muito tempo, encoberta por uma conspiração supostamente respeitosa, mas relatos de seus contemporâneos, assim como uma carta trancada a sete chaves até 2015, na qual o assunto é abordado de maneira mais ou menos direta, indicam que o escritor era *queer* — Mário chegou a falar de "pansexualidade". Oswald de Andrade, que foi ao encontro do amigo no trecho de volta da incursão amazônica, acabaria se referindo a ele, anos mais tarde — num período de intenso pé de guerra entre os dois —, como Miss São Paulo e Miss Macunaíma. (Mário, depois de se regozijar com a aparição de Oswald, mais tarde riscaria o nome do ex-amigo.)

Não se sabe até que ponto Mário de Andrade se permitiu dar vazão aos seus desejos homossexuais. Em "Frederico Paciência" — conto obsessivamente reescrito ao longo de décadas e publicado apenas depois de sua morte —, pinta o doloroso retrato de uma relação passional entre dois adolescentes que por fim é interrompida. Seja como for, o desejo em si, independentemente do objeto, parecia ser um fardo pesado demais para ele. Ao notar a apatia de pessoas sofrendo de malária na viagem pela Amazônia, em mais de uma ocasião ele registrou a vontade de ser contaminado pela doença: "Então desejei ser maleiteiro, assim, nada mais me interessar neste mundo em que tudo me interessa por demais...".

A identificação racial de Mário de Andrade não é menos ambígua. Sua pele era mais escura que a de seus pais e irmãos, e ele se lembrava de ter sido chamado de negro em razão de sua tez "duvidosa" — isso presumidamente em São Paulo. Na Amazônia, no entanto, é inquestionável que era visto como um forasteiro branco: "Em Tefé, o portuga da venda garantiu que eu era português da gema, em Tonantins passei por italiano, agora aqui em São Paulo de Olivença, frei Fidélis me pergunta meio indeciso si sou inglês ou alemão!".

O turista aprendiz oscila entre descrições arrebatadas e entradas de diário práticas, sarcásticas, variando da indignidade dos "banhos" com cachaça ao fato de que o mesmo filme terrível estava passando no cinema de todas as cidades que a expedição visitou. Há também descrições valiosas de uma paisagem que desde então sofreu transformações e hoje está ameaçada de extinção — acompanhadas de abundantes fotografias tiradas pelo próprio autor — e voos imaginativos desorientadores, que incluem etnografias totalmente inventadas. Depois de estudos exaustivos dos trabalhos de antropólogos e exploradores sobre as cosmologias de vários povos indígenas no Brasil, Mário estava ansioso para ter contato direto com comunidades pela Amazônia — tão ansioso que chegou a ter um pesadelo em que precisou discursar em tupi e lhe disseram, sem meias palavras, que ele tinha feito tudo "errado". O medo, de alguma forma, estava deslocado: no fim, o desejo de se aproximar de povos indígenas foi persistentemente frustrado ao longo da viagem, resumindo-se a interações fugazes e insatisfatórias.

Numa espécie de vingança literária, então, Mário começou uma série de relatos que desafiam a credulidade sobre suas expedições a aldeias indígenas. Num tom pomposo e pseudocientífico, ele informa seus leitores sobre sua visita aos Pacaás Novos, que acreditam que as partes mais vergonhosas do corpo eram o rosto e a boca, consideram que a conversa é tão íntima quanto a relação sexual e se comunicam chutando e balançando os dedos dos pés; e aos indígenas Dó-Mi-Sol, que conversam por frases musicais e se dizem descendentes orgulhosos de bichos-preguiça. O efeito é swiftiano, principalmente quando se considera quão pouco se conhecia então — e ainda hoje — das centenas de povos originários do território brasileiro. (A ponto de recentemente, depois de ouvir detalhes dessas "etnografias", uma pessoa bem informada me perguntar se os Pacaás Novos ainda seguem esses costumes. Não seguem nem jamais seguiram.)

"Nestes 'apontamentos de viagem', como dizia meu avô Leite Morais, às vezes eu paro hesitando em contar certas coisas, com medo que não me acreditem", Mário escreveu, dando uma piscadela. Ao descrever a crônica — falha, apesar de best-seller — que Américo Vespúcio faz do Novo Mundo, o historiador John Hemming zomba, dizendo que esse navegador cronicamente inconfiável deveria ser o santo padroeiro de todos os escritores de viagem. Enquanto as incorreções inadvertidas de Mário são relativamente poucas, seus exageros deliberados, suas distorções divertidas e mentiras deslavadas o situam numa longa e ilustre linhagem de pessoas que visitaram a Amazônia e esgarçaram a linha do que realmente viram e fizeram por lá.

Mesmo depois de séculos de exploração e estudos, a Amazônia demora a revelar seus segredos e ainda borra a linha entre o real e o fantástico. *O turista aprendiz* se beneficia completamente dessa confusão. Sim, os apuís se enrolam em outras árvores a ponto de estrangulá-las até a morte, e sim, abelhas nativas fazem colmeias no oco de troncos apodrecidos; mas, não, o governo brasileiro não instalou neles uma torneirinha para extrair esse mel. Mesmo tendo estudado profundamente o livro e viajado por uma parte da Amazônia, fui pega no contrapé em alguns pontos. Achei que a descrição que Mário fez de certos bichos-preguiça como "apressadíssimos" fosse só uma piada, por exemplo. Pode até ter sido, mas fiquei envergonhada depois de ouvir um guia, em Manaus, dizer que a preguiça-real, a preguiça de duas garras, "era o demônio": ela não apenas se move rapidamente, como também tem pavio curto. E, se Mário fala com escárnio da lenda peruana dos jacarés de doze metros, um crocodilo pré-histórico chamado *Purussaurus brasiliensis* realmente chegou a perambular pela Amazônia, pesando várias toneladas e chegando muito perto da descrição do dr. Vigil. Assim, para não estragar a diversão de Mário, contive meu impulso de sair checando cada informação: mas fiquem atentos, leitores, pois aqui se encontram, na mesma medida, lendas inventadas e verdades implausíveis.

Tive que andar nesse terreno escorregadio enquanto traduzia o texto da viagem amazônica para o inglês — ele saiu nos Estados Unidos em 2023, pela Penguin, com o título *The Apprentice Tourist* (o resto não cabia na lombada do livro, só no frontispício). Antes do começo da tradução, e também logo no final do processo, pude viajar um pouco pela Amazônia, percorrendo o trecho do rio Amazonas entre Santarém e Belém, um pouco da região de Manaus e o Alto Rio Negro, o que me deu algumas pistas do que deve ter sido a experiência de Mário. A ferrovia Madeira-Mamoré na qual ele andou é hoje apenas uma lembrança distante, assim como os vaticanos e seus passageiros; mas, mesmo um século depois, uma viajante munida de caneta e caderno, cujo barco se aproxima de uma curva do rio Amazonas, enchendo o horizonte de uma massa impenetrável de verdes deslumbrantes, consegue perceber os "mistérios vivos que se escondem lá detrás" e sentir que "a revelação vai se dar, grandiosa, terrível, lá da volta do rio". A revelação grandiosa e terrível, desta vez, pode ser o quanto precisa ser feito para preservar aqueles mistérios vivos.

Além de divertir como os melhores diários de viagem, *O turista aprendiz* também embarca numa jornada completamente diferente. Depois de alguns dias em trânsito, Mário reflete sobre as sensações da viagem ao longo da costa brasileira: "Há uma espécie de sensação ficada de insuficiência, de sarapintação, que me estraga todo o europeu cinzento e bem-arranjadinho que ainda tenho dentro de mim". Conforme o vapor segue seu caminho rio acima, o autor é levado a repensar o país em que vive e a subverter seu eurocentrismo introjetado — uma tarefa pioneira do movimento modernista e ainda mais urgente hoje, quando as florestas que tiraram o chão de Mário (literalmente, em uma ocasião específica) estão virando cinzas.

Recentemente, o Brasil tem visto serem endossados a plenos pulmões a exploração predatória da Amazônia, incêndios massivos para transformar a floresta em pasto e plantações de soja, a derrubada ilegal (mas tolerada) de árvores centenárias e ataques brutais a povos indígenas em locais que deveriam ser suas terras protegidas. No fim de 2021, na mesma curva do rio Madeira que Mário descreveu como tendo "um cheiro de mato em flor, cheiro selvagem, quente, uma delícia", uma flotilha de barcas de garimpo se materializou, de uma margem à outra do rio, em busca de ouro.

Quase um século depois, a paisagem natural e os povos indígenas do Brasil estão sofrendo tantos reveses em nome de ganhos de curto prazo que as reflexões de Mário parecem ainda mais precisas. "Nos orgulhamos de ser o único grande (grande?) país civilizado tropical... Isso é o nosso defeito, a nossa impotência. Devíamos pensar, sentir como indianos, chins, gente do Benin, de Java... Talvez então pudéssemos criar cultura e civilização próprias. Pelo menos scríamos mais nós, tenho certeza."

No vigésimo aniversário da Semana de Arte Moderna de São Paulo, em 1942, Mário foi convidado a discursar. Nesse discurso, não fez uma retrospectiva orgulhosa do nascimento do movimento modernista, mas uma crítica desiludida. Apesar de reconhecer a importância e a influência do modernismo, destacou que a estética inconformista do movimento acabou servindo de verniz para criações convencionais. Mário não poupou críticas severas a seu próprio trabalho, bem como ao de seus contemporâneos, nos quais identificou um grau de diletantismo, uma tendência juvenil em atacar os alvos errados e, acima de tudo, um individualismo presunçoso num momento que pedia "o amilhoramento político-social do homem".* Isso pode ajudar a entender os sentimentos ambíguos no prefácio de *O turista aprendiz*, em que declara que o texto tinha envelhecido ao longo dos anos e "cheira a modernismo", mas que não conseguia destruir o manuscrito. Ele não teve esses mesmos escrúpulos com tantos outros originais — o que só salienta nossa sorte.

Em resposta a um questionário enviado pela editora Macaulay, provavelmente por ocasião da primeira tradução do romance *Amar, verbo intransitivo* — lançado nos Estados Unidos como *Fraulein*, em 1933 —, Mário explicou: "Escrevo vários

---

* Mário de Andrade, "O movimento modernista", in *Aspectos da literatura brasileira*. 5ª ed. São Paulo: Martins, 1974, p. 255.

livros ao mesmo tempo, e como que me descanso das preocupações dum, noutro". *O turista aprendiz*, como se pode notar em seu prefácio inquieto, parece ter causado bastante preocupação, e então ele buscou refúgio em outros projetos em vez de publicá-lo já. Mas havia outros fatores: conforme explicou pacientemente na resposta ao questionário da Macaulay, "no Brasil ainda é raro o escritor que pode viver dos seus próprios livros". Mário com certeza não era exceção: além do emprego no Conservatório Dramático e Musical de São Paulo, chegou a dar aulas em uma universidade no Rio, teve uma passagem produtiva como diretor do Departamento de Cultura de São Paulo e escrevia com frequência artigos sob encomenda.

Tendo publicado alguns trechos do diário amazônico nos anos seguintes à viagem, o escritor só se pôs a revisar o texto integral em fins de 1943. Antes de chegar num manuscrito final para publicação, no entanto, Mário morreu de ataque cardíaco em fevereiro de 1945, aos 51 anos. *O turista aprendiz* foi disponibilizado para o público brasileiro de maneira integral em 1976, numa edição compilada pela infatigável Telê Ancona Lopez. O volume incluía o diário tanto da viagem pela Amazônia, em 1927, como o de uma viagem subsequente pelo Nordeste entre 1928 e 1929 — esta última seguia muito mais a linha do que ele havia planejado para sua aventura amazônica: em companhia leve e educada, e capaz de mergulhar na missão de coletar música e folclore. Nesta edição que organizo do *Turista*, acabei me limitando à jornada amazônica — em parte por causa do "personalismo" dos primeiros diários, ao qual o autor se refere de maneira desesperadora, e que é exatamente o que faz com que sua leitura seja tão memorável e desperte tanto interesse.

Esta edição difere de todas as outras já publicadas de *O turista aprendiz* na abordagem do texto original. Mário nos deixou um diário de viagem vibrante, mas o manuscrito tem algumas pontas soltas: versões repetidas de algumas passagens, pequenas fábulas compostas depois do fato e nunca incorporadas ao texto do diário, reflexões marginais inconclusivas sobre a decisão de incluir determinada história em maio ou julho, e assim por diante. Esta edição acompanha à risca esse manuscrito de 1943, depositado no acervo do Instituto de Estudos Brasileiros da Universidade de São Paulo (IEB-USP), e inclui como apêndice as fábulas soltas. Pairando sobre qualquer tentativa de chegar a uma versão definitiva do texto, lemos uma anotação feita na letra miúda de Mário: "Estas notas não são pra se publicar, são simples lembretes, pra um livro que não seria nada disto". Aqui, os "simples lembretes" vão acompanhados de algumas das centenas de cenas "fotadas" pelo autor ao longo da viagem na sua própria codaque.

Como um turista aprendiz, Mário sofreu para se manter aberto, e conclui: "Vivi metido comigo por todo esse caminho largo de água". Nessas "notas", encontramos um poeta na Amazônia tentando conter em palavras um mundo indomável: a escala inconcebível da foz do rio, as cores mercuriais da alvorada no Madeira, a poesia de um pato sendo devorado por um jacaré em uma só bocada.

FLORA THOMSON-DEVEAUX

Praia do Chapéu Virado
Belém, maio 1927

O TURISTA APRENDIZ

*Viagens pelo Amazonas até o Peru,
pelo Madeira até a Bolívia
e por Marajó até dizer chega*

O tapuio de Santarém
31 maio 1927

PREFÁCIO

Mais advertência que prefácio. Durante esta viagem pela Amazônia, muito resolvido a... escrever um livro modernista, provavelmente mais resolvido a escrever que a viajar, tomei muitas notas como vai se ver. Notas rápidas, telegráficas muitas vezes. Algumas porém se alongaram mais pacientemente, sugeridas pelos descansos forçados do vaticano de fundo chato, vencendo difícil a torrente do rio. Mas quase tudo anotado sem nenhuma intenção da obra de arte ainda, reservada pra elaborações futuras, nem com a menor intenção de dar a conhecer aos outros a terra viajada. E a elaboração definitiva nunca realizei. Fiz algumas tentativas, fiz. Mas parava logo no princípio, nem sabia bem por quê, desagradado. Decerto já devia me desgostar naquele tempo o personalismo do que anotava. Si gostei e gozei muito pelo Amazonas, a verdade é que vivi metido comigo por todo esse caminho largo de água.

Agora reúno aqui tudo, como estava nos cadernos e papéis soltos, ora mais, ora menos escrito. Fiz apenas alguma correção que se impôs, na cópia. O conjunto cheira a modernismo e envelheceu bem. Mas pro antiviajante que eu sou, viajando sempre machucado, alarmado, incompleto, sempre se inventando malquisto do ambiente estranho que percorre, a releitura destas notas abre sensações tão próximas e intensas que não consigo destruir o que preservo aqui. Paciência...

São Paulo, 30 de dezembro de 1943

SÃO PAULO, 7 DE MAIO DE 1927

Partida de São Paulo. Comprei pra viagem uma bengala enorme, de cana-da-índia, ora que tolice! Deve ter sido algum receio vago de índio... Sei bem que esta viagem que vamos fazer não tem nada de aventura nem perigo, mas cada um de nós, além da consciência lógica, possui uma consciência poética também. As reminiscências de leitura me impulsionaram mais que a verdade, tribos selvagens, jacarés e formigões. E a minha alminha santa imaginou: canhão, revólver, bengala, canivete. E opinou pela bengala.

Pois querendo mostrar calma, meio perdi a hora de partir, me esqueci da bengala, no táxi lembrei da bengala, volto buscar bengala e afinal consigo levar a bengala pra estação. Faltam apenas cinco minutos pro trem partir. Me despeço de todos, parecendo calmo, fingindo alegria. "Boa viagem", "Traga um jacaré"... Abracei todos. E ainda faltavam cinco minutos outra vez!

Não fui feito pra viajar, bolas! Estou sorrindo, mas por dentro de mim vai um arrependimento assombrado, cor de incesto. Entro na cabina, agora é tarde, já parti, nem posso me arrepender. Um vazio compacto dentro de mim. Sento em mim.

8 DE MAIO

Rio de Janeiro. O almoço foi, como sempre nos meus dias de chegada ao Rio, com Manuel Bandeira. Não sei, acho o Rio uma cidade mui feia, mas dizem que é bonita... A natureza sim é maravilhosa, eu sei, mas a cidade, a urbanidade, o trabalho do homem, o sofrimento e a glória do homem, é uma coisa detestável. O mais importante de observar são as ruas dos bairros de residência e os subúrbios pobres. As ruas residenciais têm um ar família, um ar interior de casa de-manhã, ainda sem a limpeza pro dia, um ar indiscreto saia-e-blusa, que não é só ar, é verdade. A gente continua, como a descrita por Debret, mais que indiscretamente vestida nas portas, nas calçadas. E a pobreza, os operários dos subúrbios não têm a menor dignidade arquitetônica do seu estado: casas enfeitadíssimas, miseráveis, anti-higiênicas e enfeitadas, bancando alegria, festa. É repugnante. De-noite fui com Luciano Gallet esperar no cais uma amiga nossa que chegou da Europa. Manuel Bandeira também estava lá, entusiasmado, esperando um poeta baiano, Godofredo Filho, diz-que muito bom.

9 DE MAIO

Rio. Almoço com Paulo Prado. Se deu isto: chego no Copacabana, com os olhos ofuscados do meidia claríssimo, estou procurando o Paulo no não-sei-como-se-chama, salão, vejo que alguém está me acenando justo sentado junto do janelão central, deve ser ele na certa e me dirijo pra lá. Já pertinho, é o Paulo Prado sim com Marinette e mais... Puxa! É o Graça Aranha, não nos damos mais, mas agora é tarde porém, não vou fazer desfeita a ele, não merece, nem fui eu que briguei com ele. Ele é que brigou, isto é, pelo menos fingiu que não me viu, depois que espinafrei ele em dois artigos por querer decidir de minha vida sem procuração minha. Paulo Prado se levanta e com ar de conforto pra me deixar à vontade: "Se conhecem?"... Graça Aranha se levantou, ri grosso, meio desapontado, "Oh-oh! Como não!". Eu engasguei. E foi tudo muito bem, nos reacamaradamos, e só o verbo é que ficou desagradável. O Paulo Prado, quando pode, me conta que na véspera, depois de termos combinado o almoço de hoje, o Graça Aranha lhe dissera que iria almoçar com ele. Achou do seu dever avisar que eu já estava convidado, mas achou também de acrescentar, por saber meus sentimentos sobre a nossa briga, que eu não tinha nada contra o Graça mais, e ele respondia pela minha cordialidade. Mas o Graça secundou que ia pensar. De-noite telefonou ao Paulo que vinha ao almoço e era tarde pro Paulo Prado me consultar. Este "era tarde" não sei, naturalmente Paulo Prado nem se amolou, sabendo é certo meu sentimento. Mas ficou pau a surpresa. Eu vinha da mesma forma ao almoço, desque avisado que o Graça estava disposto a reconsiderar o ato de cegueira com que fingiu, aliás sem ostensividade, não me enxergar.

De-noite, que calor! Na casa de Manuel Bandeira, gozando a fresca de Santa Teresa. Conheço Rodrigo Melo Franco de Andrade. Manuel continua entusiasmado com o poeta Godofredo Filho, garantindo que tem versos admiráveis e os diz muito bem. E afinal o poeta principia dizendo versos, oito, dez poesias, não para. De repente me virei pro Manuel e disse baixinho:

"Mas Manuel! Ele recita pessimamente e os versos são pouco menos que detestáveis..."

"Nem me fale! Na Bahia, palavra que achei os versos lindos, mas bastou que o Godofredo principiasse dizendo eles na frente de vocês, percebi que tudo é muito ruim!"

10 DE MAIO

Rio. Almoço com Manuel. Visita aos quadros novos de Ismael Nery. De grande interesse sempre, não tem dúvida. Sempre pesquisando, inventando coisas no cérebro, cerebrinas, um pouco mesmo caraminholadas. Mais interessante que bom. E que homem cheio de si, puxa! Janta e noite com o Dantas e, meu Deus! A mulher dele! Enfim havia a suavidade desse meu amigo e a friagem molhada da lagoa.

Sonho

Esta noite Machado de Assis me apareceu em sonho, barba feita e contou que estava no inferno.
"Coitado..."
Ele se riu mansinho e esclareceu:
"Mas estou no inferno de Dante, no lugar pra onde vão os poetas. O único sofrimento é a convivência."

11 DE MAIO

A bordo do *Pedro I*. Não pude gozar nenhuma das sensações que me propunha ter nesta partida, uma inquietação me distraiu completamente. O carregador que me arranjaram pra levar as malas do hotel ao cais, um velhinho, me apareceu com uma dessas carretas nem sei como chame, empurradas a pulso, e que têm só duas rodinhas na frente, do tamanho do pulso mesmo. Quando vi a carreta já não gostei e me bateu na imaginação os milhares de voltas que aquelas rodinhas tinham que dar desde a Lapa ao cais. Pois não é que quase parto sem as malas mesmo, chegadas na última hora, já fechado o compartimento do navio por onde entravam as bagagens? Com essa história não me despedi de ninguém direito, nem percebi certo quantos companheiros de viagem iam no bando. Já de São Paulo sabia que eram uma porção e gente de circo, disposta e bem divertida. Pois quando dou tento mesmo definitivo no caso, toda a gente roera a corda! Estamos apenas dona Olívia, e as duas moças, Dolur e Mag. Dona Olívia com aquele sorrisinho dela, me fala: "Você deve estar bem descontente de ser o único homem da expedição..." "Si soubesse que era assim, não vinha, dona Olívia." Meio áspero, sincero. Ela não teve o que dizer. Nem eu. Estava com raiva dela e das moças. Ela se lembra de contar que Washington Luís telegrafou aos presidentes de estados e pro Peru. Não falo nem sim nem não, mas como está ventando muito peço licença, vou na cabina trocar o chapéu por um mais adequado boné de viagem. Olhei no espelho e consegui ficar mais fácil.

Visto assim do mar, o Rio iluminado da noite é alucinante. Uma alucinação que se mexe com rapidez, pra ser bem explícito. Me deixo levar. A água geme oliosa, pesadíssima, refletindo devagar a iluminação assanhada das praias. Se sente festa nas praias, estão dando por aí um grande baile romântico, me sugerido pela ilha Fiscal. Um Creso impossível de tão rico, dono do *trust* norte-americano do açúcar, porque do açúcar! Está recebendo em seu castelo dos Pireneus a Rainha de Sabá. Telegramas mandando comprar todos os candelabros iluminados do mundo e buscar nos Estados Unidos todos os jazzes de negros autênticos. Passam exércitos de criados correndo, com bandejas cheias de sorvetes porque está bastante calor. A Dama das Camélias se debruça do janelão baixo que dá sobre as águas e brinca de guspir. Se percebe mais longe o barão de Rothschild, o rei da Bélgica e um marajá não sei daonde assoprando em apitos de prata brilhantes. Nos terraços passam, meio indiscerníveis, Paolo e Francesca, Paulo Prado, Tristão de Ataíde e Isolda, Wagner, Gaston Paris, Romeu e Julieta etc. olhando pras estrelas que estão de-fato esplêndidas de saúde, tomando sorvete porque faz bastante calor. Dança-se loucamente no Largo do Machado, na Lapa, na Praça Onze.

... eis que um frêmito sussurrante percorre a multidão imprensada na Avenida Rio Branco. Milhares de cavalos brancos por causa do nome da avenida, carregando pajens também de branco, cetins e diamantes, surgem numa galopada imperial, ferindo gente, matando gente, gritos admiráveis de infelicidade, a que respondem sereias e mais sereias escondidas atrás das luzes dos morros. E quando a avenida é uma uniforme poça de sangue, vêm elefantes e camelos transportando gongos de cobre polido batendo, primeiro os elefantes que são mais altos, depois os camelos, depois os leões, depois as panteras ferocíssimas, dando urros, tudo sempre na infrene disparada. E assim que passaram as panteras rasteiras, espirrando pros lados o sangue que corre no chão, setecentos escravos negros, assoprando em apitos, nus em pelo, com turbantes de prata polida, puxam por festões de camélias brancas fornecidas pela Dama das Camélias, Eulálias e Magnólias brancas,* uma carretinha de cais, também branca, em que chega numa velocidade sublime a Rainha de Sabá.

---

* Aqui, Mário experimenta um primeiro pseudônimo para as jovens acompanhantes de dona Olívia, Dulce e Margarida, que apareceram com os apelidos "Dolur" e "Mag" na primeira ocorrência nesta entrada. No datiloscrito, aparece o nome "Mag" no dia 14, posteriormente riscado e substituído por "Balança". O apelido novo é inspirado pela aparição de um passageiro a bordo chamado Josafá, que faz Mário lembrar o Vale de Josafá bíblico e os instrumentos portados pelo anjo no Juízo Final. Dali em diante, Mag é Balança, Dolur é Trombeta e dona Olívia — embora isso não apareça no datiloscrito — é secretamente apelidada de Juízo Final. [Todas as notas são da organizadora.]

12 DE MAIO

Não paramos em Vitória. Principio suando em bica. Muita sonolência, não enjoo mas que sonolência!...

Pela manhã apareceu a bordo uma borboleta mariposa que media bem uns três metros e vinte da ponta duma asa à outra. Era toda de veludo pardo com aplicações de renda de Veneza, mui linda. Dessa qualidade eu já conhecia, porque uma senhora do meu bairro possui um casal no jardim. Isso não impediu que a aparição fosse recebida com aplauso geral, porque durante as correrias pra pegar a mariposa, ela sempre achou um jeito de apresentar os passageiros uns aos outros e de-noite deu um baile no salão.

Agora viajam conosco mais um naturalista suíço, o professor Hagmann, que vive em Manaus, um ricaço chamado Atrepa-Atrepa, filho duma fábrica italiana de sedas paulistas, um rapaz com a roupa de ontem, o Adolescente de cuecas, piscando pras minhas companheiras, e, meio malacabado, um homem feito em casa.

13 DE MAIO

Cidade de Salvador. Arre que maravilha, estou cansado. Mas o diabo é que não adianta falar "maravilha", "manhã admirável", "invenção arquitetônica adorável", "moça linda". Não adianta, não descreve. Esses qualificativos só existem porque o homem é um indivíduo fundamentalmente invejoso: a gente fala que uma coisa é "admirável" e ele não só acredita mas ainda aumenta na imaginação o que a gente sentiu. Mas si eu pudesse descrever sem ajuntar qualificativos... Bem, não seria eu.

Abrolhos, 13 maio 1927

E desde a noite da partida que estou querendo não apresentar alguém. É uma americaninha, girl êtê,* com muito açúcar e fotogênica duma vez. Faz de conta que não sei absolutamente nada de inglês, tiro fotografias. Foi um encanto conversarmos só de olhos e gestos. Nunca olhei tão olhado em minha vida e está sublime. Talvez por causa disso ela me amou eternamente, mas foi obrigada a ficar na Bahia porque não posso ter complicações.

14 DE MAIO

Vida de bordo, e continuo suando cada vez mais. O suíço Schaeffer, amigo do John Graz, se apresenta. O professor Hagmann está cada vez mais insuportável na faina de ensinar coisas amazônicas pra nós, mas só ensina coisas muito sabidas. Hoje, quando ele contava o sentido da palavra "oca" em tupi, Balança, muito safadinha, perguntou:

"Então o que quer dizer Dondoca?"

Mas o professor não entendeu. Ele é puro.

Maceió

À noitinha clara paramos ao largo de Maceió, pra um grosso desembarcar. Veio um catraieiro cantando "Meu barco é veleiro", um coco lindíssimo, e fincou um arpão no *Pedro I*. Então desceram tantas malas de correio, mas tantas, que toda a gente

---

* "Êtê" seria a palavra francesa *été*, ou "verão".

de bordo ficou farta de saber que em Alagoas está muito desenvolvida a literatura epistolar.

Sonho

Sonhei assim:

Com muito cuidado, escrevi um discurso em tupi pra dizer a nossa saudação a todos, quando estivéssemos entre os índios. Encontramos uma tribo completa bem na foz do Madeira, não faltava nem escrivão nem juiz de paz pra eu me queixar si alguém bulisse com a Rainha do Café. Vai, recitei o meu discurso, que aliás era curto. Mas desde o princípio dele os índios principiaram se entreolhando e fazendo ar de riso. Percebi logo que era inútil e que eles estavam com uma vontade enorme de comer nós todos. Mas não era isso não: quando acabei o discurso, todos se puseram gritando pra mim:

"Tá errado! Tá errado!"

15 DE MAIO

Foi Recife e mais Recife dia inteirinho, aliás muito prazer. Ascenso e Inojosa no cais. Praia da Boa Viagem, manhã, água de coco gelada. Almoço no Leite, essa fatalidade recifense, como o Butantã paulista. Casa do Ascenso tarde toda, ele dizendo-cantando verso que mais verso, na completa ignorância das nossas inquietações ou fadigas. Imaginem onde jantamos? No Leite. Passeio Boa Viagem ao luar sublime, essas meninas... Partida às vinte e quatro horas, com tantos prazeres que nem o Inojosa foi capaz de nos prejudicar.

16 DE MAIO

Não te enganes jamais de camarote, sem licença da proprietária. Desfeito o engano sem muita convicção, continua esta vida de bordo. Que sensações estranhas sinto... Em terra, mesmo em férias, não sei... há uma predeterminação psicológica, que não evita siquer um segundo a noção, o sentimento, não sei o quê da luta pela vida, ou pelo menos do trabalho. O mar limpa o ser desse estado do ser. Percebo que exercício acaba com a sonolência e esta preguiça meia dolorida, embora nada dolorosa. Dobra-se o cabo Roque. Mar do Ceará. Amanhã chegaremos a Fortaleza. Decerto é a lembrança da Padaria Espiritual, que me vende um biscoito de Horácio.* "Gosto das vênus fáceis e prontinhas", eu mastigava ao luar. Enguli em seco.

17 DE MAIO

Pela manhã Fortaleza. Não descemos que a parada era mínima. Rendeiras a bordo — essas fatalidades que a gente já sabe que vai encontrar na cidade Fulana... Imagina a gente encontrar rendeiras cearenses no Havre, que maravilha! E choferes franceses, bem maleducados em Botucatu... Vida de bordo. Continuo suandíssimo, mandarei fazer roupas de linho em Belém. Mas a sonolência está vencida. Não sei por que me lembrei de

---

* A Padaria Espiritual foi um grupo literário no Ceará da Belle Époque que publicava os trabalhos num jornal chamado — como não poderia deixar de ser — *Pão*.

uma anedota que meu tio Pio, que não é meu tio, me contou.*
Ele, rapaz, estava brincando com um negrinho escravo do pai, não sei o que o negrinho fez, e ele:
"Ôh, negrinho entremetido, eu te bato, heim!"
"Bata que eu corro!"
"Eu corro atrás!"
"Eu escapulo por debaixo de mecê!"
"Eu me agacho!"
"Eu pegava numa pedra e tocava uma pedrada em mecê!"
"Eu desviava!"
"Eu pegava num relho, dava uma relhada em mecê!"
"Quedê relho!"
"Eu dava uma paulada!"
"Não tem pau!"
"Nem num sei! Pegava no que-fosse e dava uma que-fossada em mecê!"

A BORDO. 18 DE MAIO

Amanhecemos em pleno canavial. A isso chamam por aqui de "verdes mares bravios"... É um canavial e não tem nada de bravo. Pelo contrário é meigo, serviçal como um Chalaça e o *Pedro I* amonta nele e faz o que bem entende. Até dá raiva. Banza banza

---

* Pio Lourenço Corrêa (1875-1957) foi um primo mais velho de quem Mário acabou ficando próximo. O sítio dele em Araraquara acabaria sendo um grato refúgio para o escritor ao longo da vida, e foi onde este escreveu a primeira versão de *Macunaíma*.

namora come cana enquanto a gente está impaciente pra ver a foz do Amazonas amanhã. Foz do Amazonas...

Estávamos todos trêmulos contemplando da torre de comando o monumento mais famanado da natureza. E vos juro que não tem nada no mundo mais sublime. Sete quilômetros antes da entrada já o mar estava barreado de pardo por causa do avanço das águas fluviais. Era uma largueza imensa gigantesca rendilhada por um anfiteatro de ilhas florestais tão grandes que a menorzinha era maior que Portugal. O avanço do rio e o embate das águas formavam rebojos e repiquetes tremendos cujas ondas rebentavam na altura de sete metros chovendo espumas espumas espumas roseadas pela manhã do Sol. Por isso o *Pedro I* avançava numa chuva em flor. Avançava difícil, corcoveando aos saltos, relando pelo costado dos baleotes e das sucurijus do mato amazônico aventuradas até ali pela miragem da água doce. À medida que a gente se aproximava as ilhas catalogavam sob as cortinas de garças e mauaris que o vento repuxava todas as espécies vegetais e na barafunda fantástica dos jequitibás perobas pinheiros plátanos, assoberbada pelo vulto enorme do baobá a gente enxergava dominando a ramada as seringueiras sonhadas em cujas pontas mais audazes os colonos suspensos em cordas de couro cru apanhavam as frutinhas de borracha. O aroma do pau-rosa e da macacaporanga desprendido da resina de todos os troncos era tão inebriante que a gente oscilava com perigo de cair naquele mundo de águas brabas. Que eloquência! Os pássaros cantavam no voo e a bulha das iererês dos flamingos das araras das aves-do-paraíso nem me deixou escutar a sineta de bordo chamando pro jantar. A Senhora me tocou no braço e assustei. Fui com os outros, deixando o pensamento chorado na magnificência daquela paisagem feita às pressas em cujo centro relumeava talqualmente olho de vidro a rodela guaçu de Marajó inundada.

18 DE MAIO

Último dia de bordo, um dia feito de nadas, com uma minuciosidade de chapéu do chile. Os discos árabes do sírio de Belém, que afinal acaba oferecendo a casa de armarinhos que tem lá. Foi ele que me lembrou a comparação com chapéu do chile, porque usa um, e vende muitos, vindos de Iquitos. Não sei, quero resumir minhas impressões desta viagem litorânea por Nordeste e Norte do Brasil, não consigo bem, estou um bocado aturdido, maravilhado, mas não sei... Há uma espécie de sensação ficada de insuficiência, de sarapintação, que me estraga todo o europeu cinzento e bem-arranjadinho que ainda tenho dentro de mim. Por enquanto, o que mais me parece é que tanto a natureza como a vida destes lugares foram feitas muito às pressas, com excesso de castro-alves. E esta pré-noção invencível, mas invencível, de que o Brasil, em vez de se utilizar da África e da Índia que teve em si, desperdiçou-as, enfeitando com elas apenas a sua fisionomia, suas epidermes, sambas, maracatus, trajes, cores, vocabulários, quitutes... E deixou-se ficar, por dentro, justamente naquilo que, pelo clima, pela raça, alimentação, tudo, não poderá nunca ser, mas apenas macaquear, a Europa. Nos orgulhamos de ser o único grande (grande?) país civilizado tropical... Isso é o nosso defeito, a nossa impotência. Devíamos pensar, sentir como indianos, chins, gente do Benin, de Java... Talvez então pudéssemos criar cultura e civilização próprias. Pelo menos seríamos mais nós, tenho certeza.

BELÉM, 19 DE MAIO

Durante a noite o *Pedro I* portou em Salinas pra emprestar um tapejara que nos guiasse através da foz traiçoeira do Amazonas e quando nos levantamos no dia de hoje bem cedinho já estávamos nela. Que posso falar dessa foz tão literária e que comove tanto quando assuntada no mapa?... A imensidão das águas é tão vasta, as ilhas imensas por demais ficam tão no longe fraco que a gente não encontra nada que encante. A foz do Amazonas é uma dessas grandezas tão grandiosas que ultrapassam as percepções fisiológicas do homem. Nós só podemos monumentalizá-las na inteligência. O que a retina bota na consciência é apenas um mundo de águas sujas e um matinho sempre igual no longe mal percebido das ilhas. O Amazonas prova decisivamente que a monotonia é um dos elementos mais grandiosos do sublime. É incontestável que Dante e o Amazonas são igualmente monótonos. Pra gente gozar um bocado e perceber a variedade que tem nessas monotonias do sublime carece limitar em molduras mirins a sensação. Então acha uma lindeza os barcos veleiros coloridos e acha cotuba a morte dos pretendentes, se prende ao horizonte plantado de árvores que a refração apara do firme das ilhas e ao livro de Jó. A foz do Amazonas é tão ingente que blefa a grandeza. Woolworth, o quarteirão dos cinemas no Rio, *I-Juca-Pirama* são muito mais grandiosos.

Mas quando Belém principia diminuindo a vista larga a boniteza surge outra vez. Chegamos lá antes da chuva e o calor era tanto que vinha dos mercados um cheiro de carne-seca. Os barcos veleiros sentados no cais do Ver-o-Peso sacudiam as velas roseadas azuis negras se abanando com lerdeza. Nos esperavam oficialmente no cais dois automóveis da Presidência prontinhos pra batalha de flores. Pra cada uma das companheiras do poeta um buquê famoso, fomos. Então passamos revista a todos os desperdícios da chegada. Só de-noite nos reunimos pra janta excelente. Belém andara indagando dos nossos gostos e mantinha na esquina de boreste do hotel um cinema.

Velas do Amazonas, 1927

Fomos ver William Fairbanks em *Não percas tempo*, filme horrível. A noite dormiu feliz.

19 DE MAIO

Foz do Amazonas. E é de-manhã, manhã sublime. Algumas velas coloridas, água terrosa, uns verdes de horizonte. Não se vê nada! A foz do Amazonas só é grandiosa no mapa; vendo, tudo é tamanho que não se pode ver. Algumas velas, água terrosa e uns verdes ralos de horizonte. Só. Chegada a Belém, com recepção oficial, Dionísio Bentes, prefeito etc., automóveis oficiais, flores pras mulheres e nenhuma espécie de interesse. Sono depois do almoço. De-tarde "depois da chuva" provamos o açaí. Depois do jantar, já desoficializados, sem quefazer, fomos todos no cinema, ver a fita importante que os jornais e as pessoas anunciavam, William Fairbanks em *Não percas tempo*, borracheira.

BELÉM, 20 DE MAIO

Passeamos o dia inteiro e já me acamaradei com tudo. Estou lustroso de felicidade.

Belém é a cidade principal da Polinésia. Mandaram vir uma imigração de malaios e no vão das mangueiras nasceu Belém do Pará. Engraçado é que a gente a todo momento imagina que vive no Brasil mas é fantástica a sensação de estar no Cairo que se tem. Não posso atinar por quê... Mangueiras, o Cairo não possui mangueiras evaporando das ruas... Não possui o sujeito passeando com um porco-do-mato na correntinha... E nem aquele indivíduo que logo de-manhãzinha pisou nos meus olhos, puxa comoção! Inda com rabo de sobrecasaca abanando... Dei um salto pra trás e fui parar nos tempos de dantes. Diz-que meu avô Leite Morais quando ia na Faculdade ensinar as repúblicas de estudantes andava só desse jeito... Cartola sobrecasaca e "Meus senhores, tarati taratá, o réu abrindo o guarda-chuva das circunstâncias atenuantes"... Então duma feita mais entusiasmado ele gritou celebremente: "Na contradança do Direito o delito dança vis-à-vis com a pena!". Tenho por quem puxar...

Às doze horas todos foram dormir e só acordei pro banho da tarde. O calor aqui está fantástico porém o paraense me falou que embora faça mesmo bastante calor no Pará o dia de hoje está excepcional. De cinco em cinco minutos saio do banho e me enxugo todo, sete lenços, dezessete lenços, vinte e sete lenços... Felizmente que trouxe três dúzias e hei de ganhar da lavadeira.

20 DE MAIO

Cônsul do Peru, quarenta e cinco mil-réis. Passeio sublime pelo mercado. Provamos tanta coisa, que embora fosse apenas provar, ficamos empanturrados. Tudo em geral gostoso, muita coisa gostosíssima, porém fica sobrando uma sensação selvagem, não só na boca: no ser. Devia ter feito esta viagem com menos idade e muito menos experiência... Visita oficial e almoço íntimo com o presidente. Íntimo? Depois do sal, o prefeito se ergueu com champanha na taça, taça! Fazia já bem tempo que com meus amigos ricos paulistas eu não bebia champanha em taça... Pois é: ergueu a taça e fez um discurso de saudação a dona Olívia. Aí é que foi a história. Aliás desde que o homenzinho se levantou fiquei em brasas, era fatal, eu teria que responder! Pois foi mesmo: nem bem o prefeito terminou que dona Olívia me espiou sorrindinho e com um leve, mas levíssimo sinal de espera me fez compreender que a resposta me cabia, nunca no mundo improvisei! Veio uma nuvem que escureceu minha vista, fui me levantando fatalizado, e veio uma ideia. Ou coisa parecida. Falei que tudo era muito lindo, que estávamos maravilhados, e idênticas besteiras verdadeiríssimas, e soltei a ideia: nos sentíamos tão em casa (que mentira!) que nos parecia que tinham se eliminado os limites estaduais! Sentei como quem tinha levado uma surra de pau. Mas a ideia tinha... tinham gostado. Mas isso não impediu que a champanha estivesse estragada, uma porcaria. Depois visitamos a igreja famosa de Nazaré e a esplêndida catedral, em frente do arcebispado. E passeios pelo Sousa, de automóvel. Não sei, adoro voluptuosamente a natureza, gozo demais porém quando vou descrever, ela não me interessa mais. Tem qualquer coisa de sexual o meu prazer das vistas e não sei como dizer.

21 DE MAIO

Manhã: mercado, já sabe. Visita ao Museu Goeldi, longa, com as coisas bem mostradas. Biblioteca admiravelmente bem conservada pelo dr. Rodolfo de Siqueira Rodrigues, um desses heróis que não se sabe. Fui provar minhas roupas de linho, deixarei aqui no hotel todas as roupas que trouxe de São Paulo, arre! De-noite, baile do Assembleia em honra dos viajantes. Não fui. É incrível como vivo excitado, se vê que ainda não sei viajar, gozo demais, concordo demais, não saboreio bem a minha vida. Estas notas de diário são sínteses absurdas, apenas pra uso pessoal, jogadas num anuariozinho de bolso, me dado no Loide Brasileiro, que só tem cinco linhas pra cada dia. As literatices são jogadas noutro caderninho em branco, em papéis de cartas, costas de contas, margens de jornais, qualquer coisa serve. Jogadas. Sem o menor cuidado. Veremos o que se pode fazer disso em São Paulo.

22 DE MAIO

Passeio de lancha ao Chapéu Virado pelo furo do Maguari. Praias, tomar banho de água doce em quase pleno mar. Enxames de ilhas, cardumes de ilhotas que vão e vêm, desaparecem. Esta variedade infinita de calores amazônicos. Batia um calor fresquinho no furo. Ontem, depois da chuva, bateu um calor tão frio que as mulheres daqui se cobriram. E dizem que lá dentro, quando estivermos de-fato no coração do imenso rio, tem madrugadas tão úmidas que a gente chega a tiritar de calor.

Jacumã, remo quase redondo. No Pará remam na proa, em Manaus na popa.

Uma vontade de dar nome... Vou anotando: Vila Felixana, Meu Repouso, O Cenáculo, Fé em Deus, Retiro Delícias, Doce Estância, Pouso Alegre, Pouso Ameno, Canto da Viração, Café do Lasca. Note-se o desejo de vento refrescante em certos nomes: Canto da Viração, Chapéu Virado...

Que riqueza de desenho e colorido nos tajás! E o banho foi de-fato maravilhoso.

Menu: Camorim. Pato com tucupi. Leitão com farinha-d'água. Compota de bacuri, creme de abacate, e o sorvete de murici que tem gosto de queijo parmesão ralado com açúcar. E frutas, frutas.

23 DE MAIO

Belém me entusiasma cada vez mais. O mercado hoje esteve fantástico de tão acolhedor. Só aquela sensação do mungunzá!... Sentada no chão, era uma blusa branca branca numa preta preta que levantando pra nós os dentes os olhos e as angélicas da trunfa, tudo branco, oferecia com o braço estendido preto uma cuia envernizada preta donde saía a fumaça branquinha do mungunzá branco branco... Tenho gozado por demais. Belém foi feita pra mim e caibo nela que nem mão dentro de luva.

Em Belém o calorão dilata os esqueletos e meu corpo ficou exatamente do tamanho de minha alma.

23 DE MAIO

Manhã de mercado. Compra da rede de linha, um Braque como combinação de cores. Visita a jornais, entrevista, dia meio perdido em coisas paus.

BELÉM, 24 DE MAIO

Ah, o calor está macota e não se atura mais! "Vam'bora pro sul!", que nem canta o aboio que o pernambucano me cantou...

Hoje de manhã fomos aceitar o almoço que o presidente nos ofereceu. Que colosso! No palácio do presidente se come camorim com molho de tucupi, a carne de tracajá dissolve os protocolos e quando a sapotilha engrossa na língua da gente o seu gosto abaritonado a gente chega a esquecer as mil virtudes da saudade e não deseja mais nada: fica vesgo pra dobrar a felicidade e cai nos braços do prefeito mais simpático do mundo, sujeito que fala tanto como uísque com água de coco.

24 DE MAIO

Almoço presidencial de novo. O filho do Bentes tá namorando as duas meninas e elas, de acordo, namorando com ele, juntas. Me irrita esta sensação de dor de corno. De-manhã fui no Antônio do Rosário encomendar objetos de tartaruga. Chá, casa sra. Albuquerque, uma americaninha. Noite, fomos ao ensaio do boi-bumbá, no curral do Boi-Canário. As notas disso estão entre meus papéis sobre bumba meu boi.

BELÉM, 25 DE MAIO

Hoje a lancha *Tucunaré* nos levou almoçar longe no Caripi. O furo de Barcarena estava sarapintado de velas. Dizem que é habitadíssimo porém não se enxerga casa, a caboclada desse furo desde a guerra do Paraguai que ergue os seus lares no escondido, temendo mais recrutamento. Só de vez em quando um caule de miriti jogado perpendicularmente à margem se entremostra num refego das ramas arrastando a saia n'água. Aquilo serve de ponte pra desembarque e por ali vive tapuio.

    Na escola primária de Maracaguera inda é muito cedinho e o bê-a-bá não principiou. Só lá pras nove em todas as casas do bairro a piazada vai pegando no lanche e no lastro dos livrinhos.

"Té logo, mãe."

"Vai com Deus, João, tome cuidado!"

O piá se equilibra pançudinho no miriti e salta pra embarcação. É um casquinho, como eles chamam pra canoa feita com um só pau pequeno, é um casquinho de nada, e lá vai piá remando milhor que o Clube Tietê vai pra escola primária de Maracaguera. O recreio é pra tomar banho de brinquedo no furo. Depois se volta pro bê-a-bá e assim mais tarde aqueles pescadores somam sozinhos o dinheiro ganhado com os camorins e as pescadas e leem no jornal que veio embrulhando a farinha-d'água de Belém, o caso de Lampião e mais desordens dos brasileiros de nascença.

25 DE MAIO

Maravilhoso passeio ao Caripi, que adianta dizer "maravilhoso"! não dá a entender o que foi, não posso descrever. Almoço lá. Banho. Bois indianos, infelizmente, tenho uma antipatia... Carneiros na praia, tenho visto mil quadros europeus com carneiros, e já vi bastante carneiro em duas ou três fazendas paulistas. Ah, também vi carneiros em exposições de animais. Eis que de repente vejo carneiros na praia, ninguém imagina que sensação linda! Eu nunca tinha suposto um carneiro na praia! O desembarque, no Caripi, era vazante, foi uma pândega, todo o mundo pé n'água. Menos a Rainha do Café (o título pegou!), que foi raptada por um marujo da lancha. Levou-se o violeiro Bem-Bem, oh, a volta pelas onze de um noturno infinito, e nós nas cantorias da tolda... Entre outras estrofes, estas, numa toada boa:

Ontem na porta da igreja,
Antes da missa acabar,

*Eu disse: — Olhe uma santa
Descendo do seu altar!*

*As folhas da laranjeira
De-noite parecem prata;
Tomar amores não custa,
Separação é que mata.*

*A cantiga que se canta,
Não se torna a recantar:
O amor que se despreza,
Não se torna a procurar.*

26 DE MAIO

Mercado, está claro. Visita demorada ao Museu Goeldi, cerâmica de Marajó. Compras. Visita de despedida ao presidente e ao prefeito Crespo de Castro. Noite com gente modernizante. Tenho me esquecido de falar no Gastão Vieira, médico, com intenções de literatura, se acompanheirado comigo desde o primeiro dia, me admira! Informes vagos, vaguíssimos sobre pajelança, esta gente não se interessa!

Gosma da rã jaguaretê-cunaguaru dá felicidade pra caça e pesca. Primeiro se bota cinza ao pé da árvore em que a rã mora (a cunaguaru só mora em cima das árvores), porque si no outro dia tiver rasto de onça na cinza, então é porque essa rã é mesmo das que têm a faculdade de virar onça de-noite, é jaguaretê de-fato. Dessa é que se tira a gosma.

Antiga Santa Casa do Pará. Frei Caetano Brandão reunia os fiéis de-noite e fazia a brincadeira do "Quero que vá e venha, e me traga isto". "Dois tijolos" por exemplo. Assim que a Santa Casa se construiu.

Fonte Boa, lugar onde passaremos. Fonte Boa, Jaguar-etê, Vila Bela... O camaroteiro, enquanto os "eruditos" falam traduzido: "pequeno almoço", só me falava em "almoço pequeno". Creio que há uma tendência muito brasileira pra botar o qualificativo depois do substantivo. Pelo menos no povo. Nota a diferença de sabor brasileiro ou português entre "o brilho inútil das estrelas" e "o inútil brilho das estrelas". O exemplo não é bom. Brasileiro: "era um campo vasto"... Português: "Era um vasto campo"...

27 DE MAIO

Partida de Belém no vaticano *São Salvador*. Todo o mundo oficial donoliviando com flores. Mas lá estão também os meus admiradores, Gastão Vieira, os dois mocinhos literatos de ontem. Me dá uma sensação engraçada, meio tenho vergonha, um vago sentimento de traição por dentro, quando alguém se chega pro grupo por minha causa. Nesta viagem o que importa é a Rainha do Café e está certo. Aliás rainha do meu coração, que delícia dona Olívia! Vogamos. De-noite paradinha em São Francisco dos Jacarés. Os mosquitinhos eram em tais milhares que a gente avançava difícil, carecendo abrir caminho com os braços. O pessoal da terceira classe, diz-que abre o ar a faca, fazendo picadas que desgraçadamente logo se desmancham. Por vezes a massa dos mosquitinhos era tão compacta que Mag e Dolur, esportistas, conseguiam se sustentar, um minuto não digo, mas uns quarenta segundos no ar, nadando na mosquitada. Nestes "apontamentos de viagem", como dizia meu avô Leite Morais, às vezes eu paro hesitando em contar certas coisas, com medo que não me acreditem.

28 DE MAIO

Durante a noite de ontem pra hoje caiu uma tempestade êtê. Foi um deus nos acuda! Diz-que devia haver um porto de lenha lá na margem que não se via, e o *São Salvador* parou, ganindo que mais ganindo na escuridão, pedindo socorro, tudo de um sinistro admirável. Mas ninguém vinha acudir o vaticano se afundando, juro que não hei de fazer nenhum trocadilho com a palavra "vaticano", basta os que me vêm na cabeça! Muitas vezes as ondas encapeladas chegavam a varrer lá em cima a tolda do barco e a gente ficava um minuto, dois, sem respirar, debaixo d'água. As crianças eram levadas pelas ondas, as mães se atiravam atrás; só o capitão, muito pálido, dizia: "Eu fico! Morro com a minha nau!", era comovente. Afinal se percebeu um rastilho de luz nas águas e veio saindo do nada a multiplicação dos peixes, lerdos, difíceis de abordar, carregados de lenha. Creio que os índios tiveram medo da gente, lenha trouxeram quanta precisávamos, porém não houve jeito de subirem a bordo pra mostrarmos a eles a galinha trazida só pra isso. Então desistimos e o vaticano andou.

Manhã fresca. Um bando de papagaios nos recebe, falando "bom dia" em abaneenga. De vez em longe uma garça. Estreitos de Breves. Vida de bordo. Essas coisas bobas que fazem sublime a viagem, por exemplo: um boto brincando n'água. Um boto brincando n'água! Que maravilha! Paisagens lindas. Noite sublime de estrela. Parada em Antônio Lemos.

29 DE MAIO

Amanhecemos num porto de lenha. Ainda os estreitos. Cemitério a beira-rio. Enfim pleno Amazonas. Paramos em Itamarati, posto lindo, onde mora o primeiro guará realmente integralmente rubro que nunca vi. Jiraus de florzinhas, "jardins suspensos" destas paragens onde jamais se sabe até onde irá a cheia do ano que vem. Cachorros que jamais souberam o que é correr, parados em cima dos jiraus. Vogamos rastejando a margem. Os meninos de moradias quase sempre invisíveis vêm nas suas barquinhas, cada qual tem uma, aproveitar a esteira do vaticano, pra terem sensações de água-viva. As ciganas se denunciam, de passagem, com um voo honesto, e pousam pesadas, parecem pesadíssimas, erguendo o rabo. E esse mosquito pior que todos... Toda a gente se vê na obrigação de nos "contar" como é que é, que desespero! Já me mostraram mil vezes a palmeirinha do açaí, já me contaram cem vezes que aquele pássaro é a cigana, e aquilo é boto brincando, pinhões! Pela tardinha deixamos o Xingu a bombordo. A boia de bordo (a nossa, que é especial) é sempre uma delícia. Dança-se demais, pra tanto calor e tanto jejum de amor, isto já vai ficando pau. Vila bandeirante de Gurupá, decadente. O forte. A igreja.

Vou descrever o porto de lenha desta manhã: carregam mil achas até o porão do navio pra ganhar dois mil-réis.

30 DE MAIO

Amanhecemos na fazenda de Arumanduba, famosíssima, do maior milionário da Amazônia, o senador José Júlio de Andrade. A fama do homem nos persegue desde a chegada em Belém, espécie de caudilho, duzentos, trezentos capangas, uma riqueza "maior do mundo". É verdade que não conversamos sobre ele com pessoas "oficiais", e resumido o que escutei, o homem é ruim. Todos, povo, gente burguesinha, se percebe, guardam do homem um sentimento entre medo e malquerença. Mas o sentimento, se percebe, é uma legítima... exalação de classe. A parada foi pequena, não vimos nada. Passa a vila decadente de Almeirim, a estibordo. Entrovisca. Vem atrás de nós, nos pega, um vapor do Loide, o *Duque de Caxias*. Boato de Tarsila e Osvaldo a bordo, só boato.*

Caso notável, humanamente doloroso de etimologia popular: vimos no longe a serra da Velha Pobre, que na verdade foi chamada "da Velha Nobre", por causa duma nobre de-fato, muito velha, que morou, que anos! por aquelas bandas. Porém o povo não se dava com jerarquias que não fossem as da pobreza... E a serra da Velha Nobre, Velha Pobre se chamou.

Vi o gado invernando na maromba, espécie de jirau em ponto grande, pra permitir a existência de animais pesados durante a cheia do rio. Sensação triste de insuficiência, de erro vital.

No Amazonas não cortam rabo de cachorro, pra ele poder se equilibrar em cima da estiva. Estiva: em geral um açaizeiro derrubado, servindo de pontão no porto. No que por aqui chamam de "porto", às vezes apenas um abertinho no mato e uma descida de terra mais lisa, se dissolvendo na água barrenta do rio.

---

* No datiloscrito há vários acréscimos e supressões feitos à mão, todos acatados silenciosamente aqui, menos este, pelo seu significado. Em 1927, Mário ansiava por encontrar Oswald de Andrade, mas em 1943, quando passou o texto a limpo, chegou a escrever e depois riscou o nome do outrora amigo.

31 DE MAIO

Vida de bordo. É uma delícia estirar o corpo nestas cadeiras confortáveis da proa, e se deixar viver só quase pelo sentido da vista, sem pensamentear, olhando o mato próximo, que muitas vezes bate no navio. Visto o primeiro jacaré, fez furor. Garças. Pelo anúncio da tarde, chegamos a Santarém, com estranhas sensações venezianas, por causa do hotel ancorado no porto, enfiando o paredão n'água, e com janelas de ogiva! Os venezianos falam muito bem a nossa língua e são todos duma cor tapuia escura, mui lisa. Fomos recebidos com muita cordialidade pelo doge, que nos mostrou a cidade que acaba de-repente. O relógio da Câmara estava parado, o que nos permitiu compreender Santarém há trinta anos atrás. Ficamos admiravelmente predispostos em favor da cidade, e as freiras fizeram uma procissãozinha infantil, com uma brisa muito agradável saindo dos estandartes.

Cumplicidade da pobreza... Na entrada do Tapajós vi barcas com umas velas esquisitas, eram as redes de dormir dos pescadores, servindo de vela. De-noite, rede; de-dia, vela.

Caso pançudo

Este é um dos feitos patrióticos mais venezianos de que já tive notícia. Andou, faz algum tempo, uma comissão norte-americana pelo Amazonas, estudando o problema do comércio da borracha, com ideias de fixar um ponto com todas as condições necessárias, mesmo de salubridade, em que os norte-americanos pudessem se estabelecer. Anda daqui, anda dacolá, ficaram gostando muito de Santarém e arredores, e pra mostrar no relatório como o lugar era propício, principiaram

Veneza em Santarém (É o hotel)
To be or not to be Veneza
Eis aqui estão ogivas de Santarém
31 maio 1927

fotografando todos os venezianos robustos. Ora, aqui nas proximidades parava uma família nova, de que a mulher e os dois filhinhos eram as maiores expressões de robustez e beleza local, as crianças então diz-que deslumbravam de fortes. E realizavam esse milagre único: não eram barrigudinhos. O marido consentiu muito patrioticamente que fotografassem a gente dele, mas era maleiteiro porém. O que que fez: quando os americanos prepararam a mulher com os dois filhinhos, na frente da casa, pra fotografar, o homem foi lá dentro e se embrulhou completamente na rede, nem nariz de fora, pra não sair na fotografia. Porém d'aí por diante o homem deu pra ficar jururu, era aquela tristeza que os outros forçavam pra vencer, ninguém vencia. É que lá por dentro ele estava remoendo, remoendo que a-pesar da precaução de se esconder na rede, era capaz que a fotografia tivesse pegado ele também. E os norte-americanos haviam de recusar pra sempre a Amazônia, a terra não se enriquecia, só por causa da magreza do maleiteiro. Consolavam ele, diziam que era bobagem, mas não foi possível vencer a tristeza do patriota; ele foi ficando mais triste, nem comia de tristeza e, numa quarta-feira, morreu de tristeza. Aliás eu conto isto só por contar e não com ideia de dar esse patriota sublime pra exemplo de brasileiro. Si morressem patrioticamente todos os brasileiros indignos deste país imenso...

1º DE JUNHO

Ali pelas vinte e quatro horas da noite de ontem pra hoje, paramos na fazenda do Tapará, pra embarcar vinte bois de corte. Que coisa desumana! É assim: numa espécie de corredor assoalhado que dá pra um terracinho junto d'água, vem um homem

Procissão de Maria
Santa que vai/ Santa que vem/ Tem procissão/
Em Santarém
Santarém, 31 maio 1927

correndo que as luzes do navio concedem vestir de um último pedaço de calça esmulambada. Atrás dele vem um boi corcoveando embrabecido. Então surge de repente no terracinho um farrancho de tapuios seminus, corpos admiráveis de estilo, rebrilhando na chuvinha propícia, grande cena de teatro. E o grupo dança detrás do boi uma mazurca muito viva de gestos, "êh, boi!". E só se escuta "êh, boi!", "êh, boi!"... O homem da frente corre até a beirada do assoalho e atira pra bordo a corda em que o bicho está preso. A corda salta que nem se vê, mas de bordo o trabalhador infalível não erra uma, pega a corda e grita "Vá!". Então a barulheira dos tapuios se esganiça em histerismos alegres que aguçam o medo do boi. O pobre animal se atira n'água e vem nadar no costado do navio. O homem da corda puxa o boi, ajeita o boi, prende o laço do guindaste nas guampas do bicho e "Devagar!" que avisa o boi. E o santinho, com as mãos cruzadas no peito, olhos de terror que não se aguenta, nasce das águas como o dia e vai mansamente subindo, subindo, pensando em Deus. Mas eis que um braço diabólico interrompe a assunção, agarra o bicho pelo rabo e o traz pra junto do navio. O guindaste desce um pouco, o boi se agarra como pode e é puxado pro convés de baixo, onde em pouco está dormindo entre as redes do pessoal terceira classe.

Dia farto. Almoço pirarucu, muito bom. Antes da chuva fez um calor tão fecundo que a gente, com uma dessas lentes de aumento comuns, podíamos observar uns nos outros o crescimento da barba. Creio que por causa do calor os índios desta região são mui barbudos e trazem a barba a tiracolo, em tranças de desenhos complicadíssimos. E é costume os jacarés aparecerem sempre a primeiro de junho nos igapós de beira-rio, pra os turistas poderem contemplá-los com satisfação. Enxergamos muitos boiando.

Depois Óbidos. Recepção do intendente, em cuja casa provo licor de taperebá, muito bem-feito. É delicioso. Com menos açúcar seria magnífico. Visita ao forte tradicional, com os seus canhões amansados. Óbidos tem muitas bandeirolas e um coreto feito de folhas de coqueiro na frente da igreja. Esse é o meio dos obidenses mostrarem aos turistas que a cidade tem muita animação. Si a gente pergunta si tem festa, já com vontade de esperar pra ver, os obidenses respondem em coro que a festa foi ontem pra encerramento do mês de Maria. Assim se gasta pouco e corre a fama da animação da cidade de Óbidos. Passava uma piracema de jaraquis, a água estava pipocando e os pescadores numa trabalheira-mãe. "Quem come jaraqui — Fica aqui" é o refrão local. Só de pique, o cozinheiro, na janta, nos apresentou um tucunaré "à portuguesa". Posso lhes garantir que é peixe gostosíssimo no mais, e que Óbidos ficou muito em mim.

2 DE JUNHO

Vida de bordo. Tarde em Parintins com o prefeito bem-falante. Nos ofereceu o livro da municipalidade, quanto livro já, quanto relatório!... Um crucifixo muito curioso na igreja. Vos ofereço as regras do Apostolado da Oração:

1º — Renunciam totalmente a danças;

2º — Renunciam a máscaras e fantasias;

3º — Não tomam parte em festas particulares (rezas em casas particulares não são permitidas pelo vigário);

4º — As senhoras renunciam aos excessos da moda, não usam trajes com decotes nem cortam os cabelos;

5º — Na igreja e nas procissões usam sempre véus;

6º — Nas missas e nas procissões não usam leque;
7º — Frequentam o mais possível as confissões e comunhões.

Em Parintins. Só não saiu na porta ou na janela pra nos ver a moça que morreu justamente hoje, apunhalada pelo amor. De-noite, vogando, se escutou o berro dos guaribas. É um lamento humano, tenebroso, que nos deixou sem graça nenhuma.

Boi marrequeiro

Chamam assim o boi ensinado que vai chegando, com ar de quem não quer, pra junto das marrecas e para pertinho delas. O caçador que vai se escondendo por trás do boi marrequeiro, então atira.

3 DE JUNHO

Madrugada cheia. Um jacaré morto boiando, de barriga pra cima e os pés espetadinhos no ar. Mais de setecentas (me deram o número) mais de duzentas garças abrem voo do capinzal verde-claro. No almoço o peixe tambaqui, ótimo, de uma delicadeza superfina. E tartaruga com recheio da mesma, obra-prima. Pelas duas horas portaremos em Itacoatiara, primeira cidade do estado do Amazonas. Vista em sonhos. É a mais linda cidade do mundo, só vendo. Tem setecentos palácios triangulares feitos com um granito muito macio e felpudo, com uma porta só de mármore vermelho. As ruas são todas líquidas, e o modo de condução habitual é o peixe-boi e, pras mulheres, o boto. Enxerguei logo um bando de moças lindíssimas, de encarnado, montadas em botos que as conduziam rapidamente para

os palácios, onde elas me convidavam pra entrar em salas frias, com redes de ouro e prata pra descansar ondulando. Era uma rede só e nós dois caíamos nela com facilidade. Amávamos. Depois íamos visitar os monumentos públicos, onde tornávamos a amar porque todos os burocratas estavam ocupados, nem olhavam. As ruas não se chamavam com nome de ninguém, não. Tinha a rua do Meu Bem, a rua das Malvadas, a rua Rainha do Café, a rua das Meninas, a rua do Perfil Duro, a rua do Carnaval, a rua Contra o Apostolado da Oração. E todas as moças lindíssimas deixavam facilmente eu cortar os cabelos delas. Eu cortava que mais cortava, era um mar de cabelos, delicioso mas um bocado quente. Foi quando me acordaram.
      Que eu desculpasse mas tinha uma pessoa que precisava falar comigo. Três horas. Ouvi bulha maior que a de costume, enquanto botava um pouco de água fria em mim. Percebi luzes pelo telhado da cabina, ah! era Itacoatiara. E era o capitão delegado regional do lugar que, como representante do governador do estado do Amazonas e do prefeito de Manaus, e ainda do prefeito de Itacoatiara (doente) vinha apresentar a dona Olívia e comitiva as boas-vindas no estado. É.

4 DE JUNHO

Com a história de ser acordado perdi o sono, mas tive pra compensar uma madrugada maravilhosa. Aliás já tenho reparado e vou me acostumando, esta gente de bordo não tem hora pra nada. A qualquer hora da noite que o calor bote a gente pra fora da cabina, se encontram mais pessoas, pijamas, até mulheres, passeando sozinhos ou conversando por aí. Às vezes acordamos o homem do bar.

E foi um dia divertidíssimo por causa dos encantos de beira-rio, muito povoado, estamos nos aproximando de Manaus. O vapor para pra cortarem canarana, alimento dos bois que vão a bordo pra nos alimentar. Eis senão quando sai do canavial das canaranas uma barquinha. Vêm nela três mulheres, mas só a velha embarca. Uma das moças era simplesmente sublime no tipo e na gostosura, que corpo, nossa!... Inda por cima ela é que remava, com o corpo arrebentando no vestidinho estreito de cassa branca. Porque chamei de "cassa" a fazenda é que não sei, deve ser problema de classe. Fizemos um barulhão por causa da moça, mas nem por isso ela deu siquer um olhar para nós, não olhou! Mas o que carece mesmo exaltar nestas índias das classes inferiores da Amazônia, é a elegância discreta embora desenvolta com que elas sabem ficar nuas, que diferença das mulheres civilizadas! Na Grécia, na Renascença, pelo menos com o que vem contado nos quadros e nas esculturas, ainda as mulheres ficavam nuas bem, mas duns tempos pra cá!... ficam nuas mas tomam um ar de saia-e-blusa completamente caipira e abobalhado. É horrível. Nunca vi uma burguesa minha contemporânea que não tomasse ar de saia-e-blusa ao se despir. É lógico que estou falando sob o ponto de vista da beleza, porque no resto sempre as nuas foram companhias impressionantes. Mas o vaticano parou outra vez. Era um porto de lenha, porém não estávamos precisados de lenha. Vamos contemporizando pra chegar em Manaus pela manhã, e assim a recepção ficar muito bonita.

Problema da torneirinha

Aproveitando a parada no porto de lenha, fomos ver o cipó famoso, pelo qual aquela índia do caso tão lindo da Tapera da Lua, depois de andar fazendo com o mano certas coisas que não se conta, subiu ao céu e se mudou em lua. O cipó inda está fortezinho na sua velhice veneranda. A altura diminuiu, com a idade, é natural, o tronco todo enrugadinho, com sapopembas tão colossais que pudemos bivacar na sombra de uma só, setenta pessoas. Pra falar verdade, não se trata exatamente de um cipó, como relatam levianamente os índios, é um apuizeiro, isso sim. A árvore a que ele se agarrou para subir no céu foi uma balata formidável, a maior do mundo, a qual, evidentemente, morreu com a constrição do parasita. Ainda se pode muito bem avaliar o tamanhão dessa balata, porque, si apodreceu e desapareceu aos poucos levada pelas formigas, ficou o lugar dela por dentro do apuizeiro. Esse oco, pelo que pudemos avaliar, tem uns setenta metros de diâmetro por uns setecentos de altura. Nesse amplo seio providencial fizeram colmeia todas as castas de abelhas brasileiras, desde a guarupu e a bijuri até a mandaçaia e a tubuna. É extraordinário e por certo dos espetáculos mais apetitosos do mundo. Até dos antípodas vem estrangeiro assuntar. A sete léguas distante já se escuta o zumbido mavioso e monótono como a luz elétrica. Então perto é uma verdadeira sinfonia, com o mel escorrendo pelas sapopembas e polindo o chão. Como se sabe, o governo brasileiro teve a ideia feliz de colocar por debaixo desse oco transformado em colmeia gigantesca, uma enorme chapa de aço munida de uma torneirinha. Assim, quem quer vai lá, abre a torneirinha e tira quanto mel carece. E até o que não carece, o que é uma verdadeira pena. Mas em todo caso, parece que está resolvido o problema da fome, entre nós. É uma procissão em torno da torneirinha do governo, caucheiros regionais, muras, parintintins,[*] Taulipangues das

---

[*] "Parintintin" é uma palavra munduruku que significa "inimigo", mas foi usada durante décadas para se referir ao povo Kawahiva.

Guianas, norte-americanos, teque-teques sírios, regatões argentinos, paroaras,* muitos canadenses, a língua de Goethe, mistura colorida de raças. Até os canadenses e os ingleses formaram um sindicato suíço pra auxiliar nosso governo e construir a pequena distância do apuizeiro um hotel de verão, com muitos andares e todo o conforto. O governo deu isenção de impostos e passagem livre pela alfândega pra todo o material importado para a construção do edifício, cimento armado, obras de arte, perfumarias, setenta mil peças de seda, marinonis, chapéus borsalinos, calçados, máquinas de escrever, rádios, peles de inverno para senhoras, pedras preciosas, romances levemente imorais completamente franceses, rendas etc. Houve mesmo tanto interesse, que logo deram de presente ao sindicato setecentas léguas quadradas de sesmaria em pleno seringal, com direito a explorarem tudo, borracha, castanha, mulheres, rebanhos.

Como é da praxe, provamos o "mel do apuí" como se fala por lá. É alimento bem gostoso a-pesar de um bocado sujo, devido a vir misturado com muita samora. Isso se deve às abelhas nacionais ainda serem muito ignorantes das novas soluções introduzidas pela *Apis mellifica* na arquitetura das colmeias. Misturam tudo, os favos com os ovos, cera com samora, é uma atrapalhação enorme lá por dentro. A gente procura mel nesta parte, não está, acha mas é pólen. As próprias abelhas não sabem a quantas andam, tem muitas que procurando mel na colmeia que elas mesmas construíram, não conseguem saber onde que está, levam a vida inteira procurando e afinal

---

* "Paroara" é um termo da época, derivado do nome popular dos pássaros migratórios que fugiam das secas e usado para se referir às pessoas que deixavam o Nordeste, especialmente o Ceará, em busca de trabalho.

morrem de fome. Mas estou falando das colmeias comuns, está claro, que existem por aí tudo, no Brasil. Não se reproduz tamanha desgraça no mel do apuí por causa da torneirinha do governo. Se abre a torneirinha, pronto: mel pra enjoar. Até diz-que ultimamente o mel estava já rareando, porque as próprias abelhas deram pra não trabalhar mais. Como não têm força pra abrir torneirinha, ficam na boca dela, salvo seja, esperando que um turista chegue, abra a torneirinha pra o mel sair. Assim não há colmeia que resista.

5 DE JUNHO

Depois de mais uma tempestade noturna, chegamos, dia claro em Manaus. Recepção oficial, apresentação a setecentas e setenta e sete pessoas, cortejo (como é engraçado a gente ser figura importante num cortejo oficial) e toca pro palácio Rio Negro, onde imediatamente se dá recepção oficial, pelo presidente em exercício, um número de simpatia. Depois toca para a chacra Hermosina, onde tivemos um almoço colossal, mas colossal. Depois da volta, aproveito o crepúsculo pra visitar a zona estragada. Depois com o coronel, comandante da polícia, vamos ao bairro da Cachoeirinha, visitar o arraial da igreja do Pobre Diabo, onde tinha festa, como as nossas mesmo, pau de sebo, leilão, dou-lhe uma, dou-lhe duas... Sono calmo e digno.

Nesta noite provei sorvete de graviola. Esquisito... a graviola tem gosto de graviola mesmo, isso é incontestável, mas não é um sabor perfeitamente independente. É antes uma imagem, uma metáfora, uma síntese apressada. É a imagem de todas essas ervas, frutas condimentares, que, insistindo, são profundamente enjoativas. Não chega a ser ruim, mas irrita. Aliás, o guaraná daqui, pelo menos o que provei, tem um gosto vazio, fica-se na mesma.

6 DE JUNHO

De manhã, bonde, passeio oficial até a fábrica de cerveja. Tarde também oficial, hospital, orfanato, exposição Ângelo Guido, não compramos. Noite livre, minha, com Raimundo Morais, Da Costa e Silva e outros, infensos a qualquer espécie de "futurismo" porém que se sentiram no dever confrade de me visitar. Aliás simpaticíssimos, conversa ótima, pouca literatura, muito Amazonas e felicidade, com que me trouxeram a bordo às três da madrugada. Me deram o opúsculo de caçoada sem maldade que publicaram por causa da minha vinda futurista. Mas não chega a ser engraçado.

Acariguara é um pau curiosíssimo, diz-que mais resistente que ferro, todo aberto em furos alongados.

Banzeiro: movimento agitado das águas, quando o navio passa e deixa a esteira violando a mansidão do rio. Mas que calor! Mais quente que Belém.

Festa da Moça-Nova, rito de puberdade entre os ticunas. Um mês antes fecham a púbere numa casa, depois a embriagam inteiramente com caiçuma, a rapariguinha está rolando no chão. Os homens com máscaras de animais dançando em torno. As mulheres da tribo chegam e principiam depilando a moça-nova, até ficar completamente pelada. Nem um fio de cabelo escapa. E é o corpo todo. Também, onde se viu contar uma coisa dessas perto de moças — ficaram numa excitação danada. Eu que aguente!

Chula

Por aqui chamam "chula" uma cantiga, em geral cômica e de andamento quase rápido, um *allegro* cômodo. Eis uma estrofe da chula "Cachaça" sem estribilho, do tempo em que proibiram aqui em Manaus a venda da abrideira nas vendas, da noite de sábado pro domingo:

Si eu morrer ponham em minha sepultura
Uma pipa das maiores, sem mistura;
O encanamento que me chegue até a boca,
Que em pouco tempo deixarei a pipa oca.

Eis um estribilho de outra, bem fluvial:

Vira a bombordo, a boreste e à proa e à ré,
Vira pr'aqui, pr'acolá;
Não sei si isto é bom, si não é,
Vira isso pra lá!

7 DE JUNHO

Passeio em duas lanchas oficiais pelo Careiro, tempo feio. Largamos o Negro e tomamos pelo paraná de Catalão. Dia todo.

Fomos ao lago do Amanium, não escutei bem este nome, preciso perguntar. Mas que coisa sublime, o lago, cercado inteirinho de mato colossal, calmo, uma calma encantada, em que os ruídos, gritos de animais estalam sem força pra viver. Solidão pura e livre, nada triste. Lá estavam as vitórias-régias, com os uapés e socós nas folhas. Voltamos ao crepúsculo. Corrida das duas lanchas. De-noite, sem quefazer, largados pelos de terra que desejavam que descansássemos, fomos no cinema. Levavam, ora com mil bombas! Levavam com grande barulho de anúncio, William Fairbanks em *Não percas tempo*.

Cabroeira: baileco de negros na Bahia.

A jangada, até cinco mil toros às vezes, descendo por maio até Manaus. Algumas vão mesmo até os estreitos de Breves, onde se desmancham pra os toros serem embarcados com destino à estranja, Estados Unidos principalmente. São ilhas largas, vogantes, em que vêm morando por meses famílias inteiras, que constroem seus ranchos, trazem vacas, porcos, galinhas, e os xerimbabos, papagaios ensinados, cachorros, tajás de estimação, e vivem de vida comum descendo este mundo de águas. Às vezes a jangada é pegada por alguma corrente fortuita, bate nalgum braço de rio, margem firme, igarapé, igapó e tudo se destroça, é o fim. Tudo se desagrega, os toros se dispersam, uns seguem, outros não seguem. Mas em geral, por causa da cheia, as águas se movimentam das margens para o centro do rio, e assim as jangadas, entregues a si mesmas, descem certo. Mas sempre interrogativamente, chegarão? Não chegarão? Ninguém sabe e ninguém pode, é a sorte.

Na lagoa do Amanium, arredores de Manaus
7 jun. 1927

Vitória-régia

Às vezes a água do Amazonas se retira por detrás das embaúbas, e nos rincões do silêncio forma lagoas tão serenas que até o grito dos uapés afunda n'água. Pois é nessas lagoas que as vitórias-régias vivem, calmas, tão calmas, cumprindo o seu destino de flor.

Feito bolas de caucho, engruvinhadas, espinhentas as folhas novas chofram do espelho imóvel, porém as adultas mais sábias, abrindo a placa redonda, se apoiam n'água e escondem nela a malvadeza dos espinhos.

Tempo chegado, o botão chofra também fora d'água. É um ouriço espinhento em que nem inseto pousa. E assim cresce e arredonda, esperando a manhã de ser flor.

Afinal numa arraiada o botão da vitória-régia arreganha os espinhos, se fende e a flor enorme principia branquejando a calma da lagoa. Pétalas pétalas vão se libertando brancas brancas em porção, em pouco tempo matinal a flor enorme abre um mundo de pétalas pétalas brancas, pétalas brancas e odora os ares indolentes.

Um cheiro encantado leviano balança, um cheiro chamando, que deve inebriar sentido forte. Pois reme e pegue a flor. Logo as sépalas espinhentas mordem raivosas e o sangue escorre em vossa mão. O caule também de espinhos ninguém poderá pegar, carece cortá-lo e enquanto a flor boia n'água, levantá-la pelas pétalas puras, mas já estragando um bocado.

Então, despoje o caule dos espinhos e cheire, cômodo, a flor. Mas aquele aroma suavíssimo, que encantava bem, de longe, não sendo forte de perto, é evasivo e dá náuseas, cheiro ruim...

Já então a vitória-régia principia roseando toda. Roseia, roseia, fica toda cor-de-rosa, chamando de longe com o aroma gostoso, bonita cada vez mais. É assim. Vive um dia inteiro e sempre mudando de cor. De rósea vira encarnada e ali pela boca da noite, ela amolece avelhentada os colares de pétalas roxas.

Em todas essas cores a vitória-régia, a grande flor, é a flor mais perfeita do mundo, mais bonita e mais nobre, é sublime. É bem a forma suprema dentro da imagem da flor (que já deu a ideia Flor).

Noite chegando, a vitória-régia roxa toda roxa, já quase no momento de fechar outra vez e morrer, abre afinal, com um arranco de velha, as pétalas do centro, fechadas ainda, fechadinhas desde o tempo de botão. Pois abre, e lá do coração nupcial da grande flor, inda estonteado pelo ar vivo, mexe-mexe ramelento de pólen, nojento, um bando repugnante de besouros cor de chá. É a última contradição da flor sublime...

Os nojentos partem num zumbe-zumbe mundo fora, manchando de agouro a calma da lagoa adormecida. E a grande flor do Amazonas, mais bonita que a rosa e que o lótus, encerra na noite enorme o seu destino de flor.

8 DE JUNHO

De-manhã visita ao mercado de Manaus, bem menos interessante e muito menos rico que o de Belém. Provamos o coco tucumã que achei ruim a valer. No almoço provamos o matrinxão, que achei dos milhores peixes do Amazonas. Visita à fábrica de beneficiamento da borracha e Associação Comercial, esta última pra quê? Me esqueci: a pupunha com melado também é uma gostosura. Partimos de Manaus às dezessete horas, todo o corpo administrativo do estado no cais, com banda de música. Vida de bordo. Isso da gente ser o único homem duma viagem com mulheres pode ser muito masculino, mas.

A tribo dos Pacaás Novos[*]

Ontem, no passeio de lancha, tivemos ocasião de visitar a tribo dos Pacaás Novos, bastante curiosa pelos seus usos e costumes. Nem bem estávamos a um quarto de légua da tribo, já principiou nos comovendo bem desagradavelmente um cheiro mas tão repulsivo que só com muito trabalho consegui vencer, chegando até o mucambo. Infelizmente minhas companheiras de viagem desistiram de ir ver, o que faz com que não possam testemunhar tudo quanto admirei. O conjunto urbanístico se compunha da casa-grande e uma dúzia de casinhas, muito semelhantes às de adobe e sapé do sul. Quando cheguei, uns curumis brincando no trilho deram o alarme de maneira estranha, sem um grito. Saltavam movendo as perninhas no ar com enorme rapidez e variedade de gestos pernis. Depois fugiram, indo esconder a completa nudez nos casinhotos. Imaginei que era medo de gente branca, mas não era não: quando cheguei no terreno batido, espécie de praça que os edifícios rodeavam, foram saindo das casas e me cercando sem a menor cerimônia, um mundo de homens e mulheres espantosamente trajados. Os curumis, esses então positivamente me agrediram, me dando muitos pontapés da mais inimaginável variedade. Isso, moviam os dedinhos desses mesmos pés com habilidades prodigiosas de desenvoltura. Por causa da minha profissão de professor de piano, me pus observando principalmente o movimento do quarto dedo, era assombroso! creio que nem um por cento dos pianistas de São Paulo (e sabemos que são milhões) possui

---

[*] Esta entrada foi publicada separadamente como texto em 1942, na edição 62 da *Revista Acadêmica*, com algumas alterações em relação ao datiloscrito.

semelhante independência de dedilhação. Arranjei, arranjei não, logo um índio velho, magro e feio como um enorme dia de sol amazônico, veio dizendo que era o intérprete e ganhava sete mil-réis por hora. Aceitei e ele foi logo contando que com aqueles gestos a meninada estava me pedindo presentes, sempre a mesma coisa...

Voltemos à gente grande. O traje deles, si é que pode-se chamar aquilo de traje, era assim: estavam inteiramente nus e com o abdômen volumosíssimo pintado com duas rodelas de urucu, uma de cada lado, tudo aveludando por causa de uma farinha finíssima bem parecida com pó de arroz, esparzida por cima, e que os Pacaás Novos extraíam do milho, *ad hoc* envelhecido. No pescoço porém, uma corda forte de tucum sarapintado amarrava um tecido de curauá muito fino, ricamente enfeitado de fitinhas de canarana e umas rendas delicadíssimas feitas com filamento de munguba. Com isso formavam uma espécie de saiote, que em vez de cair sobre os ombros e cobrir o corpo, se erguia suspendida por barbatanas oscilantes tiradas dos peixes. Assim esse saiote erguido para o céu tapava por completo as cabeças dos índios, tendo apenas na frente, no lugar mais ou menos correspondente aos olhos, um orifício minúsculo dando saída à visão. Por esse orifício percebi que, além do saiote, os índios traziam a cabeça completamente envolta num pano muito sujo, de que não pude descobrir o material de fatura, também convenientemente furado no lugar dos olhos. Além dessa estranha vestimenta, os Pacaás Novos traziam os braços e mãos completamente vestidos com mangas de pele de onça, ou de tamanduá-mambira, de lontra, de guará etc., mangas cortadas de jeito que se assemelhavam, talvez com algum exagero meu, ao estilo da famosa manga-presunto das brancas de antigamente.

Eu estava espantado, na contemplação de semelhante vestimenta, quando, por causa do sol, senti cócecas no nariz desesperado com o cheiro e soltei um colarzinho de espirros, praque fui fazer semelhante coisa! As mulheres se retiraram fugindo pro fundo das casas, fazendo imensos gestos com as pernas, que depois soube serem gestos de muita reprovação. Os machos porém, e a curuminzada, principiaram movendo os ombros e as barrigas com tamanha expressão, que mesmo sem ajuda do intérprete percebi que tinham caído na risada. Porém nem um som se escutava. Riam com os ombros, com a barriga e as pernas. Aliás, os gestos que faziam, principalmente com as pernas e os movimentadíssimos dedos dos pés eram tão expressivos em pontapés e contorções, repito, de uma variedade inexaurível, que eu, bastante versado em línguas, falando o alemão, o inglês, o latim e o russo com desenvoltura, além dos meus regulares conhecimentos de francês, tupi, português e outras falas, logo me familiarizei com o idioma dos Pacaás e entendi muito do que estavam pensando e se comunicando.

Então o intérprete principiou me explicando os costumes dos Pacaás. Falava muito baixinho, desagradavelmente com a boca encostada no meu ouvido, mas assim mesmo os índios davam demonstração de suportarem a custo a nossa conversa de cochicho. É que os Pacaás Novos diferem bastante de nós. Pra eles o som e o dom da fala são imoralíssimos e da mais formidável sensualidade. As vergonhas e as partes não mostráveis dos corpos não são as que a gente consideramos assim. Quando sentem necessidade de fazer necessidade, fazem em toda a parte e na frente de quem quer que seja, até nos pés e pernas dos outros, sem a mínima hesitação, com a mesma naturalidade com que o nosso caipira solta uma gusparada. Porém espirro, por exemplo, ou qualquer outro som da boca ou do nariz, isso é barulho que a gente solta só consigo, eles consideram. De forma que si um pacaá sente vontade de espirrar, sai numa disparada louca, entra num mato solitário, mete a cabeça na mais folhuda serrapilheira e espirra só, com muita educação. Consideram o nariz e as orelhas as partes mais vergonhosas do corpo, que não se mostra a ninguém, nem pros pais, só marido e mulher na mais rigorosa intimidade. Escutar, pra eles, é o que nós chamamos pecado mortal. Falar pra eles é o máximo gesto sexual. Si os atos da procriação são de qualquer hora e lugar e na frente de todos, isto não se dá frequentemente, por felicidade minha, pois os gestos excitatórios do amor são exclusivamente partidos da fonação. Entre eles existe uma instituição bastante assemelhável ao nosso sacramento do matrimônio, e quando um homem se apaixona por uma cunhã, os dois principiam com assobiozinhos da mais delicada sutileza, é o namoro. Um belo dia o namorado chega na casa do pai da pequena e diz que veio pedir a voz dela. Si o pai concede, em seguida a um bacororô que dura de sete a setenta dias, conforme as posses do futuro marido, tudo em silêncio e com muita coisa, pra nós, feia, o casal novo segue pra sua casa e, de portas fechadas, calafetadas as fendas com penugem de passarinho, principiam numa falação que não acaba mais. No outro dia, ali por quando o sol está pra chegar no meio do céu, os pais da noiva, só eles, chegam na porta do casal e sacudindo as paredes dão aviso de sua chegada. Então si a recém-casada bota a boca numa fendinha do adobe e solta um assobio, é que está consumado o matrimônio. Em caso contrário comem o marido.

 Falar nisso, o ato de comer também é considerado condenabilíssimo, pois obriga a mostrar a boca. De forma que os Pacaás constroem atrás de suas moradas, em lugares escondidos, uns quartinhos solitários, onde têm sempre armazenados milho em pó, bananas e paçoca de peixe, a comida habitual deles. Quando um índio da família sente fome, disfarça, põe reparo si ninguém está vendo ele e escafede. Se fecha bem no quartinho e come quanto quer. Si acaso acontece outra pessoa da família ir lá pra comer também e mexe na porta fechada, o de dentro põe o dedo mindinho do pé esquerdo pra fora e mexe ele bem. Gesto que aproximativamente corresponde ao nosso tradicional "Tem gente".

Aliás essa história dos quartinhos dá ocasião a muita imoralidade nas crianças. Não é raro os pais pegarem meninos e meninas até sete anos, comendo juntos!

Esta é muito por alto a maneira de viver dos Pacaás Novos. Deixei de contar muita coisa: que é severíssima entre eles a noção da virgindade (orelha); que aceitam a poligamia e o forte marubixaba deles tinha setenta cunhãs de fala etc. Talvez conte outro dia. Sei é que vivem felizes. São muito ativos, e suficientemente porcos pelo nosso ponto de vista da porcaria, muito mansos e caroáveis, embora essa mania de falar com pontapés me tenha deixado a perna bem azul.

A-pesar da curiosidade aguçadíssima saí de lá depressa, por causa do cheiro das, ponhamos, gusparadas, amontoadas no chão, dentro das casas, por toda a parte. O que está me preocupando é esclarecer bem que si escrevi que chegando a meninada estava nua, ela estava de-fato nua, mas não porque mostrasse aquilo porém. Estava nua porque piá ainda é inocente, se diz, não faz mal que mostre queixo, a própria orelha e essa coisa divinamente pecadora que se chama a nossa boca.

Me deixem contar apenas mais um caso, que o intérprete aliás só me relatou longe dos outros. Já se compreende que uma mulher mostrando beiço pra homem é coisa da maior sem-vergonhice. Pois fazia pouco que tivera um sucesso famoso entre os depravados da tribo, uma dançarina pacaá, que numa espécie de cabaré erguido por ela mesma a légua e meia do mucambo, anunciara espetáculos de nu artístico, aparecendo inteiramente vestida mas com a boca à mostra, e cantando cançonetas napolitanas que aprendera com um regatão peruano que lhe tirara a orelha. A bulha foi tamanha que precisou o pajé fazer um esperneadíssimo sermão contra o abuso. As cunhãs, que estavam despeitadíssimas, se reuniram furibundas, foram lá e comeram a dançarina.

9 DE JUNHO

Vida de bordo. Manhãzinha portamos em Manacapuru que não vi, estando em sonhos. O lanche de hoje foi sapotilha, beribá, abricô nacional, que é outra coisa, e refresco de cupuaçu, ora, isso é língua que se fale! Tardinha: porto de lenha. Como sempre desci em terra, a sitioca chamava "FELICIDADE". Aliás o morador tinha jeito pra letras, havia mais este anúncio: "ATENÇÃO, MEUS SENHORES! Eu tenho orde do patrão de não VENDER cem reis feado. Cumprir ordem é muito bom" (sic). Chupamos cacau verde, não adianta. Invasão furiosa de carapanãs. Noite, bailarico a bordo: clarineta, dois violões, cavaquinho e ganzá. Tudo ia na terceira classe.

10 DE JUNHO

Vida de bordo. Tem criança por demais, cheguei a sonhar com a degolação dos inocentes. De-manhã portamos em Codajás, onde passeei com o Schaeffer, procurando um empalhador de aves muito conhecido por aqui. Era italiano e pintor, coitado. Tinha uma harpia admiravelmente bem empalhada. A bordo, Balança, Trombeta e eu experimentamos a linguagem das flores, por um livro comprado em Manaus. Os troncos rolando por debaixo do casco chato do vaticano. Novo jacaré morto, enfeitado de urubus. E sempre estas ilhotas de capim, periantãs chamadas, vogando rio abaixo. Diz-que o capim viça assim mesmo, se alimentando do que encontra na água, não garanto. Lá na coberta do navio cantamos ao luar, Trombeta no violão, fugidos do bailarico. O luar está imenso e o nosso peito. Duas orquídeas híbridas, rosmaninho e cravo encarnado.

Problema de borracha

A gente pode lutar com a ignorância e vencê-la. Pode lutar com a cultura e ser ao menos compreendido, explicado por ela. Com os preconceitos dos semicultos não há esperança de vitória ou compreensão. Ignorância é pedra: quebra. Cultura é vácuo: aceita. Semicultura? Essa praga tem a consistência da borracha: cede mas depois torna a inchar.

11 DE JUNHO

De madrugada nos envolveu uma névoa tamanha que o vaticano parou. Só andou já de-manhã, enveredando para a boca do Mamiá, onde tinha uma fazenda simpática, bem pitoresca, grande apuro de arrumação. O dono nem aparecia mais, leproso. A mulher, também leprosa, vinha conosco a bordo, só agora sabemos. Os filhos também leprosos. Deu um aspecto absolutamente tétrico na paisagem, nem se pensou em descer, está claro. No entanto não tem pouso em que não desçamos. E depois são os banhos de cachaça pra derrubar a carrapatagem mucuim. Ali pelo meio-dia descemos na bonitinha vila de Coari, uma vontade de desafogar. Tudo era bonito, tudo era são, a ponte gentil. Compramos castanhas, comemos castanhas em quantidade. Calor. Partimos rebocando um canoão e o tal vendedor de fruta, negro, que faz parar os navios da Amazon River com um canhãozinho. Hoje conversamos bastante com o gênio de bordo. A princípio imaginamos que era maluco, mas não era não, era gênio, todos afirmam. Parece também que é vigarista, mas não terei a experiência. É assombroso que um vaticano destamanho pare num lugarejo chamado São Luís só pra entregar uma carta. Não fiz trocadilho não: é o tamanho do navio, mesmo.

Vogando no rio, treze horas

Eu gosto desta solidão abundante do rio. Nada me agrada mais do que, sozinho, olhar o rio no pleno dia deserto. É extraordinário como tudo se enche de entes, de deuses, de seres indescritíveis por detrás, sobretudo si tenho no longe em frente uma volta do rio. Isto não apenas neste Amazonas, mas sobretudo em rios menores, como no Tietê, no Mogi. É fulminante. O rio vira de caminho lá no fim do estirão, a massa indiferente dos verdes barra o horizonte, e tudo se enche de mistérios vivos que se escondem lá detrás. A cada instante sinto que a revelação vai se dar, grandiosa, terrível, lá da volta do rio. E eu fico assim como que cheio de companhia, companhia minha, mais perigosa que boa, dolorida de receios que eu sei infundados, mas que são reais, vagos, e por isso mais completos e indiscutíveis, legítimos, deste perigo brutal de viver (de existir). Mas basta que chegue alguém, uma voz que suba da primeira classe até aqui, e a fascinação se esvai.

Aliás, também em São Paulo, nas minhas solidões procuradas de que eu gosto tanto, mas à noite pelas ruas dormidas, sempre tudo se enche em torno de mim, de gente, de seres. Mas então a realidade urbana impõe presenças mais utilitárias, são sempre ou personagens que eu invento pra ter casos pacíficos e felizes com eles, ou são meus companheiros de vida, meus amigos. Mas são sempre amigos melhores que os meus amigos de carne e osso, os mesmos nos nomes e nos corpos mas melhorados por mim. Até dentro do meu estúdio, é agradável, quando estou escrevendo... Não se trata apenas dessa pergunta, ou resposta, comum que nós, artistas, fazemos ao criar: "Será que o Carlos Drummond vai gostar disto?", "o Manuel Bandeira vai gostar deste poema", não. Isto é antes um anseio de presença aplaudidora que se sente apenas depois de terminada a obra de arte. O que eu sinto, ou o que eu faço é enquanto estou escrevendo, e até lendo, é ter o quarto habitado, em geral um, raro dois amigos, que estão ali, juro que estão, lendo por cima dos meus ombros o que escrevo, me aconselhando, me dirigindo, me contradizendo pra firmar bem, por amizade, por dedicação, as minhas argumentações. É tão bom... Eu não gosto de paradoxos, que são próprios das pessoas cheias de complexos, e que com eles se vingam dessa contradição dolorosa que existe entre a realidade exterior da vida e o complexo: mas na verdade eu nunca me sinto deserto e provando o gosto sáfaro da solidão que quando estou numa sala cheia de pessoas, mesmo sendo todas pessoas amigas.

Aposta de ridículo em Tefé
12 jun. 1927

É indiscutível: eu gosto muito mais dos meus amigos quando eles estão longe de mim.

12 DE JUNHO

Dia de fresca, sublime. O que há de mais ridículo nesta nossa humanidade é que cada indivíduo tem a sua habilidade pessoal. Um canta de galo, outro mexe com a orelha, assim. A bordo todos se mostram! Paramos no lugarejo Caiambé com as samaúmas dentro d'água, no sítio lindo chamado Centenário, casita azul, ainda no sítio São Isidoro, também pra entregar carta. Durante o dia, Teffé, ora por que pus dois efes! Onde Balança e eu apostamos quem conseguia ficar mais ridículo como indumentária. Ganhei de longe, está claro, sou homem, e demos um escândalo enorme. Vida de bordo. Os botos brincabrincando na tarde, comem peixes. Os botos comem peixes assim, de-tardinha, só por brincadeira. A noite já entrara quando portamos num porto de lenha. Céu do Equador, domínio da Ursa Maior, o grande Saci... Estávamos excitadíssimos, com vontade até de crimes. Atrás, na lagoa, ficava o lugarejo Caiçara, onde tinha festa. Fomos lá e encontramos o bailado da "Ciranda", que vi quase inteiro, registrei duas músicas numa caixa de cigarro, e tomei umas notas como pude, tinha esquecido o livro de notas. Só quase de madrugada, o vaticano principiou mugindo lá longe, nos avisando que estava à nossa espera. Aliás é preciso que se conte que, em caso de precisarmos, a gentileza dos chefes desta companhia puseram o horário dos vaticanos em que viajarmos, dependendo de desejos de dona Olívia. Bailamos com os caboclos, e viemos vindo, sem pressa, na noite da Ursa Maior. Dia sublime.

A Ciranda

(Notas talqual tomadas): Na ccna casamento todos, padre imitou língua de sírio, pensando que imitava latim. Dá hóstia: "Esta menina me mordeu! Pensava que era pedaço de peixe-boi!". Depois casamento, veio Carão, todos roda. "Ciranda vem chegando — Por morte do Carão!" (bis). Carão entra na roda e o caçador, de fora, procura matá-lo. Dá tiro. Carão ferido. Padre critica: "Não quebre a cabeça do Carão! Etc.". (A Ciranda fizera possível evitar morte.) Morto o Carão, padre faz encomendação defunto. Põe estola cabeça Carão, este ressuscita. Tudo dançado com palmas. Acompanhamento violão e cavaquinho. Ritmos sincopados. Blusas vermelhas debruadas de azul, turbantes com flores e plumas. Rostos pintados com urucum. Depois saída da casa do sr. Teófilo Nojes (não entendo bem minha letra) com o canto da dança de roda da "Ciranda, cirandinha", tradicional.

13 DE JUNHO

Parada de-manhã no sítio Boca do Aiucá, com música! O que é, o que não é? era baile. Estavam dançando desde a tarde de ontem e a coisa inda podia durar "de-certo uns dois dias". Muitos dos homens do baileco vieram botar lenha no vaticano (era porto de lenha), e a maioria das mulheres ficou esperando. Depois continuaram dançando mulher com mulher. O revezamento é instintivo. Às vezes um tem fome, vai comer, às vezes outro se cansa, vai dormir. Orquestra: um chorinho gemido e humilde, violino, cavaquinho e vária percussão inventada, como um pau batendo numa garrafa. Experimentei doce de cúbio, um acidozinho gostoso, polpa delicada, bem macia. Mas se sente a selva, porque fere um bocado a língua. Não se come cru. A fruta é de um vermelho velho, cajá-manga na forma. Chovia. No sítio vimos mauari, mutum, japiim, garça. Havia também um curral de tartarugas. Eu resfriado, meio febril.

Siri-pintanha: mãe sem pai pro filho.

Embiara: comida. "Vou buscar minha embiara no mato." O sujeito que tem outro que o domina (dono, patrão, inimigo mais forte) diz que este é "a onça dele". O dominado é chamado "embiara" pelo dominador: "Este aqui é minha embiara". Região do Rio Branco.

14 DE JUNHO

Amanheci bom. Parada matinal em Fonte Boa, repare na colocação do adjetivo. Passeio com prefeito e família. Dona Olívia com a máquina cinematográfica em punho. Pra agradar, pediu que o prefeito, a mulher e os dez filhos "viessem vindo" pra ela os cinematografar. Vieram, uma das coisas mais augustamente amargas que já vi. A mulher tomou-se de tal comoção que nem podia mover as pernas, e afinal levou um tombo. Palavra de honra. Vidinha de bordo. Matos admiráveis, chorando em trepadeiras até a água do rio. Pôr de sol prodigioso. Macaquinhos-de-cheiro. Na boca do Jutaí vimos uma índia lindíssima, tipo asiático perfeito. Estávamos parados, esperando a comunicação com um seringal lá de dentro do Jutaí. Sempre o vaticano, quando vai chegar num lugar com que mantém relações, embarque de coisas, correspondência etc. apita de longe pra avisar. Não é só o interessado que escuta, e surgem assim embarcações com gente que vem, meu Deus! Ver gente das civilizações, Manaus, Belém, o mundo. E vêm também desses índios mansos, já completamente brasileiros, que vivem por aí falando língua nossa, sem memória talvez de suas tribos. Foi o caso. Vieram na igarité, ela e o homem dela, ficaram de longe, uns trinta metros assuntando, sem pedir nada, falar nada, sem se chegar, assuntando. Ele, se percebia, tinha mais traquejo da vida, falava, gesticulava, mostrava. Ela mal se mexia, nem olhando direito o navio. Eu de óculos de alcance em cima dela. Eu só não! O Schaeffer, o gaúcho, o agente postal de Manaus, o intaliano Atrepa-Atrepa, que não é nome imoral, simples caçoada das moças, porque ele em Belém não quis tomar banho conosco, e afinal acabou contando que era por causa de ter um defeito no pé, um dedo "atrepado" no outro. Pois a índia maravilhosa não percebi uma só vez olhar o navio, sempre de olhos baixos. Vestia saia de mulher mesmo, apertada na cintura nua. E trazia uma espécie de blusa encarnada (a saia era escura) que caía solta em pregas até o ventre. Quando foi embora é que percebemos que a blusa era só na frente, tapando os seios, atrás acabava apenas num babado cobrindo os ombros, costadinho de fora.

O que a princípio diverte, mas acaba por infernizar, é a confusão das informações que a gente recebe sobre as coisas da terra, nem se acredita. Todos se propõem conhecedoríssimos das coisas desta sua pomposa Amazônia de que tiram uma fantástica vaidade improvável, "terra do futuro"... Mas quando a gente pergunta, o que um responde que é castanheira, o outro discute pois acha que é pato com tucupi. Só quem sabe mesmo alguma coisa é a gente ignorante da terceira classe. Poucas vezes, a não ser entre os modernistas do Rio, tenho visto instrução mais desorientada que a desta gente, no geral falando inglês.

15 DE JUNHO

Dia completo. De uns dias pra cá, meio suicizado, depois de várias conversas com o Schaeffer, estou me acostumando a vir na tolda do vaticano ver, me deixar sublimizado, com o nascimento do dia. Mas na madrugada sublime de hoje tivemos uma cena bem dramática. A bordo vem um velho, na terceira, que teve congestão e ficou abobado. Mas é manso, não faz mal a ninguém, não fala. Só uma vez, se chegou e entregou a dona Olívia um lenço sujíssimo, cheio de castanhas-do-pará. E se retirou sem pedir nada! Hoje de manhã diz-que ele (de-madrugada, entenda-se) diz-que ele estava agitado, andando dum lado pra outro, sem parada. De repente, vendo um canoeiro na margem, gritou "Adeus, Jó", sem resposta. Outro canoeiro, uns duzentos metros acima, e o maníaco: "Adeus, Jó! Adeus, Jó!" sem resposta. O vaticano se arranhando pela margem, já bastante povoada, porque em breve chegaríamos a Tonantins. E si aparecia alguém, o homem se punha berrando na manhã: "Adeus, Jó!". Mas ninguém respondia. Não tinham, não inventavam a piedade de responder. Perguntei pra ele quem era Jó. (Já passáramos o paranã do Bugarim.)

"Meu filho", ele respondeu. "Mora aqui. Já morou..."

Nisto veio vindo uma tapera, caindo já, sem ninguém. Na frente uns restos visíveis de jardim. O homem tirou o lenço do bolso, e com gestos largos, foi dizendo adeus. E a tapera já desaparecia lá longe, e ele, silencioso, com aqueles gestos abertos, dizendo adeus, dizendo adeus. Perguntei onde ele ia.

"Pra Remate de Males, sim senhor."

"Um pouco mais pra baixo... Eu tive congestão, o senhor sabe?... Já sarei mas meus olhos só querem fechar! Tenho três filhos..."

"Estão lá?"
"Estão por aí..."
"Mas você não tem família em Remate de Males?"
"Um pouco mais pra baixo... por aí... Mas o senhor não sabe um remédio pra meus olhos não quererem mais fechar! Por favor!"
Me retirei, não aguentando mais aquilo.

Chegara a hora do beija-mão. É visível: muita gente se sente orgulhoso e naturalmente feliz de privar assim da camaradagem da nossa importante companheira de viagem. Era engraçado. Mais ou menos pelas nove horas, a Rainha do Café aparecia, sempre tão arranjadinha, aquele seu sorriso na ponta do lábio, dado a todos. Já uma hora antes, se via aquele mundo de gente de bordo, rodeando a cabina dela, em busca de bom-dia.

De vez em quando se notavam chapas de lama grossa se estriando na superfície do rio. Era baba dos lagoões ribeirinhos, chupada pela vazante em começo.

Passamos pela famosa praia do Bom Jardim, que ainda fornece de três a cinco mil tartarugas por ano. Mujanguê: ovo de tracajá batido com farinha e sal. O mesmo petisco, com açúcar em vez de sal, se chama arabu. Oh, minha Caraboo.*

Nada mais apropriado que esta associação, estamos chegando em Tonantins, porto de lenha, missão de franciscanos, mas que pra nós foi um concerto de belcanto. Dois lindos frades italianos, gordos, fortes, às gargalhadas. Estávamos visitando as instalações, escola com quarenta alunos atuais, posto de profilaxia contra maleita, fechado porque o governo não

---

* Menção a "Sweet Little Caraboo", um pastiche de uma lenda indígena norte--americana composta em 1904 para a Broadway. Foi adaptada para o português em 1913 como "Minha Caraboo" e fez sucesso no Carnaval daquele ano.

mandava mais remédio, o igrejó e roçado por detrás com jardinzinho e goiabas, quando chega frei Diogo, fazendo um barulhão, e convida pra entrar na casa dos padres. Entramos. Limpeza, higiene, café. Na sala, um piano. Frei Diogo, sem mesmo perguntar quem éramos, foi logo convidando pra fazer música. Fiquei com vontade de examinar o *Tantum ergo* e o *Kirie* manuscritos e visivelmente sem caráter religioso. Toquei e era mesmo coisa que não valia nada. Trombeta, examinando as outras músicas empilhadas em cima do piano, achou *I Lombardi* e a "Valsa de Musetta". Por pândega principiei cantando a valsa. Trombeta descobriu maxixes do Eduardo Souto que preferi sem hesitação, e executei com coro de Trombeta e Balança. Achamos Toselli, nada mais propício, executado com toda a consciência, em dueto, Trombeta e eu. Chegava frei Diogo, que tinha ido providenciar não sei o quê, e ficou extasiado. Dava pulos e obrigou a um bis. Com gargalhadas Balança descobriu o hino fachista, que foi executado caçoistamente, por todos, frei Diogo ajudando, na maior desafinação que pudemos encontrar em nossas gargantas. Acabada a "Giovinezza", pedimos a frei Diogo que cantasse. Acedeu envaidecidíssimo, e cantou um coro do *Nabucco* em solo, eu acompanhando. Voz admirável, por sinal. Café. Chegava o frei Antonino. Frei Diogo fez um barulhão (tudo era barulhão nos dois italianos) contando que o outro também cantava. Frei Antonino fez um barulhão dizendo que tinha "voz de buro", mas pra agradar cantava a "Santa Lucia". Acompanhei. Era um vozeirão pra teatro ao ar livre. E de novo Trombeta, a nossa prima-dona deliciosa, e o Chuá-Chuá e a Casinha da Colina, os dois frades fazendo um barulhão insuportável. Era alegria deles. Nisto o capitão Garcia, espécie de *factotum* que nos deram em Belém, muito gostoso aliás, contou pros frades que éramos paulistas.

Foi um silêncio nos dois barulhões. Nos olharam respeitosos, e a gente sentia nos olhos desejosos dos dois exilados a saudade, o desejo por essa pátria de todos os intalianos do mundo. Mas logo frei Diogo reagiu:

"Vocês são paulistas... Vocês não são brasileiros não! Pra ser brasileiro precisa vir no Amazonas, aqui sim! Você", apontou pra mim, "tem pronúncia própria de italiano."

Então contei pra ele que de fato era filho e neto de italiano.
"Fachista?"
"Antifachista!", respondi.

Isso o frade fez um barulhão e foi buscar a correspondência da missão, chegada no nosso vaticano. Abriu o pacote e, nos acenou, fazendo um barulhão, com a *Squilla*, folha antifachista de São Paulo, de que eram assinantes. E o outro, o único jornal do mundo que assinavam, *O Estado de S. Paulo*, palavra que tive um arrepio, meio orgulho estadual, meio susto da importância do *Estado*. Nos despedimos, e os dois frades mas com uma inocência indecente, foram logo nos abraçando chupado, com a maior intimidade deste mundo. A janta estava na mesa de bordo. Os tapuios já tinham botado vinte mil achas no navio, e o comandante aproveitava a disposição alegre deles pra ver se conseguia somar quarenta mil. Enquanto jantávamos chegou frei Antonino num barulhão. Indaguei. Não achava o caboclo amazonense com instinto religioso não. Era no geral indiferente e carecia tratá-lo com muito cuidado, sinão se arredava da missa. Em geral se contentava de possuir a pintura de santo Antônio e pronto. Ou Nossa Senhora. Mas não reza nem se amola muito com Deus. Mas é mais feliz que vocês, civilizados. Não tem a mínima ambição. Farinha um pouco, cachaça muita e está feliz. Tem filho à beça. E não carece de nada mais. Mais feliz que vocês, civilizados. Mas alguns têm umas festas horríveis.

Quando é só dança inda vai bem. Agora mesmo acabou a trezena de santo Antônio que são treze noites de dança, isso nem se pensa acabar! Mas certas "classes" de caboclos, têm uma festa, por exemplo, chamada da Moça-Nova (olhei pras meninas me rindo), que nem se descreve!... Ficou silencioso um bocado. O navio partia e era bom pretexto pra ele não se entristecer demais, pensando na festa da Moça-Nova. E frei Antonino se despediu de nós, na escadinha do vaticano e foi-se embora. Num barulhão.

16 DE JUNHO

Madrugada sublime na tolda do vaticano. Manhãzinha paramos pra cortar canarana pros bois. Um casal de araras atravessa o rio. Bandos de borboletas amarelas na pele do rio. De repente uma azul, das grandes. Libélulas em quantidade. E os peixes saltassaltando nos remansos. E a quantidade de jaós, não se caça jaó por aqui? Me chamam no pio, lhes respondo, e passo horas nestes amores sem espingarda, enquanto os matos passam rente e terras mais inquietas. O lugarejo lindo de Maturá dá pra fazer alpinismo. Dia de calor famoso. Pela tardinha portamos em São Paulo de Olivença, com o prefeito bem-falante, a filha normalista e frei Fidélis. Estávamos visitando o Colégio de Nossa Senhora da Assunção, e a professora, uma dona respeitável, com a sua idadezinha bem à mostra, fazendo de bedéquer.* Como trocássemos umas palavras em inglês, ela se

---

* Os guias *Baedeker* foram companheiros preciosos para turistas durante boa parte de um século, e a palavra "Baedeker" virou sinônimo de guias de viagem de forma geral.

Assacaio
17 jun. 1927

botou falando inglês, com mais perfeição que eu inda é facílimo, porém com naturalidade e muito maior firmeza que as meninas. Nesse momento mesmo ela estava mostrando os andores e mais coisas, flores, véus, capelas de virgens de uma procissão que se realizara hoje de-manhã, e como nos assustássemos do inglês perfeito dela, contou meia melancólica que tinha sido virgem em Londres e Paris, quanto heroísmo. De novo, nas mãos de frei Fidélis, vi *O Estado de S. Paulo*, e o *Mensageiro do Coração de Jesus*, Itu, São Paulo. Em Tefé, o portuga da venda garantiu que eu era português da gema, em Tonantins passei por italiano, agora aqui em São Paulo de Olivença, frei Fidélis me pergunta meio indeciso si sou inglês ou alemão! Noite sublime de lua cheia. As gaivotas que descem nos paus boiando, acordam com o arfar do vaticano e só vendo o barulhão que fazem. Às duas horas da madrugada, paramos em Santa Rita pra comprar redes de tucum. Dia gozadíssimo.

17 DE JUNHO

Logo de manhãzinha paramos no porto de lenha do Assacaio, interessantíssimo. O Schaeffer e eu entrando pelo mato fizemos provisão de coisas curiosas, como a bonita flor bico-de-arara. Aqui cortei e levo comigo um pedaço do tal cipó "matamatá", escada de jabuti, explicam, o tal em que a lua subiu pro céu. O homem beneficiando o pirarucu pescado esta noite. Pirarucu tem o coração na garganta. Rosas perfumadíssimas, nunca vi assim. Índios legítimos, bancando negros, pintados com jenipapo. Não pintam as articulações dos dedos, que ficam parecendo cicatrizes claras, é horrível. Fotei. Pouco depois de meio-dia portamos em Assacaio, onde vimos uns índios lindos, principalmente a

cunhã tristonha, já bem mulher, fineza esplêndida de linhas. De-
-noite me bateu uma nervosidade desgraçada, já se imagina por
quê. O gaúcho que aderiu à nossa viagem amazônica e mora em
São Paulo, tem delírio de grandeza: "Eu, por exemplo, botina pra
mim, na milhor casa me custa duzentos mil-réis, esta roupa fiz
no Lattuchella, foi novecentos". Os outros, gente pobre, ficam
sarapantados, não sei si duvidando. Então o delirante virou pra
mim e me perguntou si não era mesmo. Eu... eu falei que era.
Não sei bem por quê, mas minha perna estava coçando tanto
com os mucuins, eu estava tão nervoso, falei que era mesmo e
desandei, qualquer casinha de porta e janela, em São Paulo, era
aluguel de seiscentos mirréis, metro quadrado no centro eram
cem contos e não havia quem vendesse, que eu ganhava sete
contos e não dava pra nada, todos meio querendo se rir. Então
virei pro homem e ali no bucho: "Não é, doutor?". Ele pra pagar
a dívida teve que falar que era, me vinguei. Me aliviei tanto que a
coceira passou (só a coceira) e fui beber um guaraná gelado pra
ver si acalmava. Aprendi, nestas paragens, a me coçar de três
maneiras distintas, a objetiva, a subjetiva e a fisiopsíquica, que é
a milhor das três. Pelas vinte e quatro horas desceu a moça apai-
xonada por todos. Noite de inferno. Inda por cima os carapanãs
me infernizaram tanto que pensei ficar louco.

"Que é aquilo? Será jacaré?..."

"Num sei não, num vejo bem... Mas tá cum jeito."

18 DE JUNHO

Chegada a Esperança, posto fiscal brasileiro. Em frente à margem do Peru. Entrada pelo Javari buscando Remate de Males.
Os taxizeiros têm uma floração policrômica que vai do encarnado

descendo em cambiantes pelo alaranjado-rosa, o rosado pálido, o amarelo branquicento, o esverdeado-claro e enfim o franco verde-alface. Falando assim, parece bonito, na realidade não atrai. É nesta arvoreta que mora a formiga taxi. Remate de Males às treze e trinta. O igrejó, torre de zinco. Fazia um calor de rematar. O palácio do lugar é a loja maçônica, e todos acabaram virando maçons por causa da importância do palácio. Numa loja:

"Tem álcool?"

"Não, senhor."

"Não tem coisa nenhuma, chapéu de palha, remo, alguma coisa feita aqui pra levar como lembrança!"

"Não tem não, senhor, ninguém faz nada nesta terra desgraçada."

Afinal topamos com um casal de maleiteiros na janela e as famílias na porta, maleiteiríssimos também.

"Quantos filhos o senhor tem?"

"São doze, *señor*... difícil de sustentar nesta terra desgraçada."

Logo adiante:

"Menino, você não sabe quem tem umas bananas pra vender?"

"Não tem!"

"Não tem? Como não tem! Porque não plantam!"

"Ah... é uma terra desgraçada."

E fazia um calorão desgraçado. Voltamos pra bordo. Aliás estávamos desde início do passeio sem a companhia de dona Olívia. Esta não dera nem dez passos em terra, voltara se esconder na cabina, pra não ver aquela gente, sem uma exceção, comida pela maleita. Chegados a bordo, vinha chegando da margem peruana uma lancha a gasolina. Saltou dela um peruano moreno, forte, com sangue vivo por detrás da morenês. Falava muito e tomou conta do navio.

E desejei a maleita, mas maleita assim, de acabar com as curiosidades do corpo e do espírito. Foi assim. Nem bem chegamos a bordo, Trombeta veio logo alvoroçada avisar que estava no bar um moço maravilhoso de lindo. É mesmo assim: sempre que o vaticano para num porto, todo o pessoal milhorzinho de terra vem pra bordo. Ficam por aí. Fomos ver o tal moço e era realmente de uma beleza extraordinária de rosto, meio parecido com Richard Barthelmess. Mas inteiramente devorado pela maleita, a pele dele, duma lisura absurda, era dum pardo terroso sem prazer. As meninas ficaram assanhadíssimas e, como deixavam todo mundo olhando e desejando elas, principiaram fazendo tudo pra o rapaz ao menos virar o rosto e as espiar. Pois ele não olhou. Todo o barulho que fazíamos, nada o interessava siquer pra uma olhadela, não olhou. Pagou a bebida e saiu, sem olhar. As meninas foram atrás. Ele, encostado na murada, olhava pra fora. As meninas principiaram passeando pelo deque, conversando alto, num enxerimento atrevidíssimo. O que fez o rapaz? Não olhou, desceu de bordo e foi-se embora sem olhar uma só vez pra trás. Então desejei ser maleiteiro, assim, nada mais me interessar neste mundo em que tudo me interessa por demais...

Paramos de novo, de volta em Esperança pra tomar lenha. Noite caída. Soubemos de um bailarico ali perto, celebrando um casamento e fomos até lá, dançar, o fiscal da alfândega de Manaus, as duas moças e eu. Íamos num casquinho absurdo de pequeno, em que mal cabíamos os quatro, rebordo do barco à flor d'água. E cai uma tempestade, mas famosa. Fomos obrigados a abicar de qualquer jeito e flechar na disparada pelo trilho até a casa que já se enxergava uns cinquenta metros acima. Chegamos lá encharcados e a festa parou por nossa causa, esta hospitalidade servil... A noiva, bem parecida, a mãe dela, foram cuidar das meninas, deram roupas pra elas, enquanto esquentavam ferro pra enxugar as calças de montar das duas e as blusinhas. O noivo inquieto, não sabendo o que fazer comigo. A festa parou. Depois nos ofereceram quinado e aluá, com o seu gosto azedinho agradável, excessivamente perfumado de canela. Fizemos a saúde dos noivos e o baile recomeçou, ao som duma flauta, inimiga do violão gordo que todo se esbofava pra acompanhar as corridinhas dela. O noivo se levantou, foi buscar a noiva pela mão e trouxe ela, me ofereceu pra ela dançar comigo, não é maravilhoso! E foi dançar com Trombeta. Depois dançou com Balança. E por ali ficamos nós dançando, ao som dos dois instrumentos e dum soldado que cantava de olhos baixos, creio que não nos olhou uma vez, de vergonha. E era soldado! O vaticano berrava lá embaixo nos chamando. Fazia luar. Alguém tinha ido buscar nosso casquinho, que estava ali no porto. E fomos de rodada rio abaixo, ao luar, cantando o "Luar do sertão", inchados de romantismo, com um sofrimento bom dentro do peito.

Eram quase três horas da manhã e a Rainha do Café fazia muito se recolhera. Acordamos o homem do bar, na intenção de tomar um alcoolzinho forte, evitando algum resfriado. Tomei meu gole e fui na cabina trocar minha roupa encharcadíssima, deixando as moças com o moço fiscal. Não demorei talvez quinze minutos, mas assim que cheguei no bar, percebi o estrago. Não sei o que o rapaz apostou com as moças, e elas, liberdosas de educação, tinham bebido muito, cálice de pinga sobre cálice. Não durou muito, mandei tudo pra cabina, principiou uma bulha escusa na cabina delas que, si de um lado pegava com a minha, do outro, vizinhava com a da criada de dona Olívia, esta logo em seguida. Aos poucos a bulha aumentou. Eram lamentos doloridos de Trombeta, ao passo que Balança me chamava pelo nome, entre risadas de não poder mais. Eu incomodadíssimo, si a Rainha acordasse e fosse ver... encontrava as duas completamente bêbadas. E eu que estava desde o princípio da viagem engulindo coisas, pra evitar desgostos a dona Olívia... "O que é, Balança! Por favor, fique quietinha!" E vinha, agora mais claro o choro de Trombeta, me chamando. Me vesti às pressas e saí no deque. O que havia de ver! Elas, porta da cabina escancarada, Balança deitada no chão da cabina, Trombeta na cama, com as pernas no chão, agarradas por Balança. É que Trombeta, nem com ajuda de Balança, conseguira arrancar uma das botas que trazia, e agora! Nisto acendem luz na cabina de dona Olívia, fiquei estarrecido. Apagaram a luz. Mas si alguém me visse entrar ou sair da cabina das moças, elas já iam tão malfaladas, eu sabia, por causa de suas liberdades modernas!... E os lamentos de Trombeta tendiam a aumentar. E os esforços de Balança a faziam rolar no chão da cabina, cada vez rindo abafado mais. Acendem de novo a luz, é dona Olívia. Aviso com gesto. Apagam a luz, ah, não pude mais! Morres de fraco? Morre de atrevido, murmurei com Bocage, disse uma bocagem por dentro, entrei, arranquei a bota de Trombeta. Vontade de bater.

19 DE JUNHO

Às cinco da madrugada, Tabatinga, último Brasil, que vi em sonho. Às seis, primeiro Peru, Letícia, apenas entrevista. Às dez portamos em Vitória, usina de açúcar do peruano dr. Vigil, lindo posto, progressista, limpinho, ar de felicidade. Provei a frutinha marmela, assim meia sem graça, com gosto de boba. Os peruanos nascem todos na Itália, gesticulam, fazem um barulhão. Este dr. Vigil, num segundo provou ser homem estupendo. Forte, otimista, bom, carinhoso, delicado, patriota, sabido, quando não sabe, inventa. Porém em dois anos levantou esta usina de açúcar extraordinária. Visitamos todos os duzentos e sete milhões de carapanãs que o usineiro cria com a ajuda de duzentos e quarenta índios que o dr. Vigil conseguiu domesticar e fazer trabalhar com eficiência. Nós, peruanos, afinal dá orgulho, nem bem saindo do Brasil maltratado, sem nenhuma iniciativa mais corajosa, apodrecendo por esse mundo de água, mal enfia a faca no Peru, pronto, uma iniciativa linda, maquinário moderníssimo importado de quanta Inglaterra e EEUU têm máquina por aí tudo, tudo movido a sangue peruano e desenhos de Zuloaga. Partimos entusiasmados, depois da visita à serraria, à usina e passeio pelos canaviais, em vagonetes puxados a quéchuas correndo, Juan e Manuelito, me senti toreador. Aliás o dr. Vigil veio conosco pra Iquitos, e já substituiu o fonógrafo do dr. Hagmann, junto da Rainha do Café. Que sorri com paciência.

20 DE JUNHO

Paramos madrugadita no porto de lenha Chimbote. A bordo uma crilada maleitosa. Pelo almoço passamos ao largo de San Pablo, colônia de leprosos com seus banheirinhos a beira-rio... Vida de bordo. Primeiro índio nu adulto avistado. O dr. Vigil está se tornando insustentável como espécie de simpatia. Chegou a falar em jacarés de doze metros! Admirável é ele contar a guerra que os peruanos tiveram com os chilenos. Desde o primeiro dia, peruano vai dando cada pisa em chileno, que só vendo, não perdem um combate, uma emboscada, só surram. No fim, perderam a guerra. E só vendo o ódio, não se fale em chileno, olho de peruano fuzila. Guaribas nos galhos.

21 DE JUNHO

Vida de bordo. Estamos nos conformando com chegar a Iquitos, *la gran capital de la provincia de Loreto*, visita oficial, recepção oficial... De vez em quando um assovio longo firme fura o verde do mato, o que é! Índio. Índio civilizado avisando pra diante que tem vaticano passando. Praias que vêm boiar, na vazante, se esquentando ao sol. E agora conto o que houve? Não conto. Sei que dei um estrilo fantástico com o capitão do vaticano, o médico, todos esses brasileiros que estavam em terra deles. Mas disse o diabo. Gente mansa que nem eu, é assim, quando perde as estribeiras, não tem mais medida, xinguei todos, e saí, batendo com violência a porta do camarote do capitão. E fui ter com o safado, nada mais nada menos que o capitão, *el gran capitán Carrillo, jefe del puerto de Iquitos*, cheguei na frente dele, estava frio, sem sangue, e falei, nem sei com que voz falei: "O sr. afaste-se ou lhe meto seis balas no bucho!". Depois até ri, não só não tinha revólver como não sei si o capitão saberia o que é bucho. E fiquei ali, encostado na amurada, isto foi depois do jantar, em frente aos nossos camarotes, que eram os primeiros da esquerda do navio, junto à proa. Hora de fazer o quilo, todos passeando pelo deque circundante do navio. O *gran capitán* ficou passeando também, com o filho de onze anos, emburrado, com uma cara de querer ser furioso. Eu na calma, encostado na amurada, dando as costas pro rio, vendo o pessoal na passeata. Afinal uns sentaram, outros foram pro salão, outros pro bar. O capitão passeando. Eu ali, firme. Pensava? Homem! Havia uma calma fria em mim, esse fatalismo dos sem coragem, mas incapazes de se acovardar si a ocasião chega mesmo. Cada vez que o capitão passava, eu o seguia com os olhos, desde que ele despontava longe, até virar na proa. Mas ele não me olhava um naco, si olhasse, eu perguntava "Nunca viu!", ali, na fatalidade. As meninas souberam, parece que o capitão aposentado que viaja à disposição de dona Olívia contou pra elas, estão palidíssimas, querem disfarçar, já vieram me pedir pra não fazer nada, fazer nada! "Vocês vão embora! Disfarcem pra dona Olívia não perceber." E ali na calma, sempre no mesmo lugar. Alguns entram para as cabinas. O silêncio vai caindo aos poucos a bordo. Eu ali, na calma. Calma! que besteira! No inferno, fingindo calma. O capitão passeando, cada vez mais trombudo. O meninão filho dele faz tempo que está dormindo. E assim ficamos horas. De-manhã chegaremos a Iquitos. Horas tantas, até me distraí do que estava fazendo, positivamente não tenho ânimo bélico, principiei pensando noutra coisa. De repente tive um susto, ué, ele não vem mais? Prestei atenção. Não vinha mais. Pensei: naturalmente foi deitar. Pensamento que "naturalmente" acompanhei de um imenso palavrão, endereçado ao capitão Carrillo, capitão do porto de Iquitos, viajando a bordo do vaticano *São Salvador*, terra do Brasil. E é estranho o fatalismo: friamente, sem nenhuma vontade, sem nenhuma raiva, fui, fui mesmo, e passei, no outro lado do navio, na frente da cabina do Carrillo, fazendo os meus pés voluntariamente soarem no chão. E então fui deitar, ôh, como estava cansado! Sem ter coragem, a alma doía, toda nevralgizada, que não se podia tocar. Assim mesmo me lembrei que pelo menos eu ficara parado e bem encostadinho todas aquelas horas de angústia, ao passo que o coitado do Carrillo bem que devia ter andado por aí umas três léguas de tombadilho. Estava sem nenhuma vontade de rir, mas ri.

22 DE JUNHO

Iquitos pela manhã. "*Siembren algodón y café — Trabajen la goma elástica.*" Caceteações de recepção oficial, uma centena de apresentações. O presidente da província, todo de branquinho, um peruanito pequetito, chega, vai no salão, senta, troca trinta e quatro palavras com dona Olívia, se levanta militarmente e parte. Então o secretário dele ou coisa que o valha, me avisa que ele espera em palácio, a retribuição da visita dentro de duas horas exatas! Como os reis em Londres ou na Itália, viva o protocolo! Faz um calor! Bem me disseram que em Iquitos o calor era mais forte que o de Manaus. E *carapañas*, aqui *llamados zancudos*, pleno dia. E me enxugo e quando acabo de me enxugar, estou molhado de suor. E este calor! E estes *zancudos*!... Homem! Sei que sentei na cama desanimado, me deu uma vontade de chorar, de chamar por mamãe... Em palácio, recepção alinhada, tudo de branco. Tive que fazer de novo o improviso que fizera pela primeira vez em Belém e repetira já várias vezes, sempre que encontrava discurso pra dona Olívia pela frente. Só que desta vez, quando chegou o momento de dizer que não sentíamos "limites estaduais", mudei pra "limites nacionais", e a coisa foi aceita da mesma maneira. Almoço a bordo. Passeamos livres. Por aqui não há proteção alfandegária pra certas indústrias que os peruanos têm a lealdade de confessar que não têm: ai que delícia! chocolates suíços e várias outras conservas europeias baratinhas... *Chica helada, un real*: gostico pobre de aluá aguado. *Y los chinos, caramba!* MODUS VIVENDI, carpintería de Antonio Bardales. ZAPATERÍA, de Juan Chiong. Iquitos é cheia de *viudas*, passeando com véus nas ruas calçadas a tijolo. Casas lindas de azulejos de várias cores. Resolvemos, as moças e eu, chamarmos o capitão do nosso vaticano de Hideous Poxie. Telegrama 102$000. *SIEMBREN ALGODÓN Y CAFÉ — TRABAJEN LA GOMA ELÁSTICA*, está escrito nas calçadas. São dois norte-americanos do maior patriotismo peruano, que de-noite, escrevem estas coisas nas ruas, pra fazerem depressa bastante negócio e voltarem pra terra deles que é milhor. Passa um vestígio de peruano, com uma costeleta enorme pendurada na maleita. Não há muitos pretos por aqui, até agora não vimos nenhum. De repente eis um, um? Um negativo de fotografia, foi minha impressão: mãos e cara, pretos, tudo o resto, branco, exatamente um negativo. Nos acompanha o cônsul do Brasil, um Mellito surdo e burro. Chapéu do chile, setenta mil-réis. Janta em terra com Saavedra y Pinon, corretíssima. Salada de abacate, comida pela primeira vez. Às onze horas partida pra Nanay.

23 DE JUNHO

Amanhecemos em Nanay, mas não levantei logo, meio preocupado com a decadência social de dona Olívia. Em Manaus ainda ela era rainha. Em Remate de Males chamaram-na de condessa. Ontem, *El Día* de Iquitos comunicava aos peruanos a chegada da "dra." (sic) Olívia Penteado. Estão embarcando duzentos toros de caoba, cada um pesando de duas a três toneladas, me disseram. Caoba é castelhano; aqui na região se diz aguano, nós dizemos mogno... Vão pra Boston, pra uma fábrica de vitrolas. Estamos no meio da lagoa, enxergando a vista convidativa, meia paulista com seus morrinhos e os coqueiros pipaios. Vamos à terra visitar um *pueblo* de índios Huitotos que é perto daqui, dona Olívia, as duas moças, um americaninho de Iquitos e eu. A espécie de porto, ou milhor, de cais era uma jangada fixa, mas que distava um meio metro da praia quase a pique e lamacenta. Pulei na jangada, fixei bem um pé nela e outro na lama de praia e dei a mão pra dona Olívia. Ela irrefletidamente pula direto na praia mais que íngreme, escorrega, cai de joelhos, e isto mesmo porque agarrei no braço dela. Foi um minuto de angústia, ela se esforçando com os joelhos e a mão livre pra se agarrar na terra e esta, lamacenta, cedendo, se via o momento em que ela desapareceria n'água, pela fenda entre a jangada e a praia. Afinal conseguiu se firmar. Bom, disfarçamos o mais que pudemos nosso desaponto com os tais "Não se machucou?", "Como foi, heim?", botando a culpa toda na praia, propondo ela mudar de calçado, pelo menos. E lá seguimos, com o guia de dentes pretos, de mascar coca. O caminho de índio no campo. O guia, si vê algum companheiro da maloca, solta uns gritos curiosos, meio parecidos com certos gritos de cowboys. O aldeamento é já um *pueblo* de índios se vestindo como nós, isto é, calça e paletó, ou calça e camisa, e *hablando* uns farrapos de espanhol. Casinhas de taquara com coberta de folhas de coqueiro, admiravelmente bem trançadas. Em geral dois compartimentos, um ao ar livre, outro fechado. Só a casa do centro, grandona, era mais característica, um casão enorme, muito alto, duma sala só, toda de folha de coqueiro, paredes e tudo, com a aberturinha no alto pra fumaça ir tomar ar. Dentro desse mucambão tinha, dos lados, armações de madeira, em cada uma morando uma família, em legítimo segundo andar. O centro é alisado, pra trabalhos, onde num lado tinha um cocho com macaxeira fermentando pra fazer bebida, e em de mais longe uma índia moça, que fora depilada já, os pelos curtos eriçados na cabeça, pintada de jenipapo, fazendo farinha. Duas outras estavam depenando um papagaio, carne dura, pra comer. Pote lindíssimo, fiz o diabo pra comprar, mas só consegui comprar outro, de muito menor interesse. O tuxaua estava regiamente em pelo, cismando numa rede, quando entramos na casa. Meteu uma calça e veio nos receber. Gente em geral bonita. Uma índia chegava a linda e a quisemos fotografar, que não! "*Se quieren, tienen que pagar!*", rindo muito. O governo peruano cede este lugar aos Huitotos, com a condição deles trabalharem vinte dias por ano... pra si mesmos, fazendo plantações. Mascam a coca e vivem. Fiz tudo, insisti, ofereci bastante dinheiro pra me darem um pouco de coca, não houve meios. E voltamos pra bordo, ninguém mais não caindo. Noite a bordo com americanos e ingleses divertidos. Os peruanos, descendentes de espanhóis, falam com orgulho patriótico nos incas, na civilização incaica, na música incaica. Também há brasileiros que querem lançar o estilo marajoara.

NANAY, 24 DE JUNHO

Acordei madrugadinha com a bulha do embarque de toros. Não eram nem cinco horas, e saí de pijama no deque pra assuntar um pouco a vida. A primeira coisa que enxerguei foi logo o índio irônico de ontem, num casquinho, rodeando o navio. Estava de olho no deque, e assim que me viu, mostrou a serra dos dentes se rindo satisfeito. Eu estava inda com esperança de provar coca e fiz um gesto, pra que ele encostasse o casquinho no vaticano. Era só isso mesmo que ele esperava. Desci pra terceira, enquanto, em duas remadas, ele chegava junto de mim. Embarquei na canoa e falei pra ele remar pro largo. Estava mesmo decidido a engambelar o Huitoto e conseguir o excitante. Ele remou, sempre se rindo com aquele jeito de esperto, e quando a bulha só chegava mansa em nossas águas, principiou lá na língua dele:

"Me falaram que o senhor faz cantigas, o senhor estava escrevendo num papel..."

"Faço sim. Por isso que pedi coca pra você. Queria escrever uma cantiga da coca, mas sem provar como que posso fazer?"

Ele riu meio envergonhado, matutando, e secundou firme:

"Coca não dou não, não tenho..."

"Ora, deixe de história! Já falei pra você que dou dez soles se você me dá um pedacinho. Você não dá, eu compro na cidade!"

"Em Iquitos?"

"Em Iquitos."

Ele tornou a rir sossegado.

"Chinês inda não vende coca..."

"Eu me arranjo, garanto pra você. Si pedi é porque ficava mais fácil."

"O senhor vai escrever muitas cantigas, é?..."

"Vou."

"O senhor ontem falou pra aquele moço que quase não tem boca, que era pena ver a gente, preferia ver inca..."

Eu estava com raiva de não conseguir coca e:

"Falei sim. Os incas são um povo grande, de muito valor. Vocês são uma raça decaída."

Ele molhou os olhos nos meus muito sério:

"O que que é 'decaída'?"

"É isso que vocês são. Os incas possuíam palácios grandes. Possuíam anéis de ouro, tinham cidades, imperadores vestidos com roupas de plumas, pintando deuses e bichos de cor. Trabalhavam, sabiam fiar, faziam potes muito finos, muito mais bonitos que os de vocês. Tinham leis..."

"Que que é 'leis'?"

"São ordens que os chefes mandam que a gente cumpra, e a gente é obrigado a cumprir senão toma castigo. A gente é obrigado a cumprir essas ordens porque elas fazem bem pra todos."

"Será?"

"Será o quê?"

"Será que elas fazem mesmo bem pra todos..."

Os olhos dele estavam insuportáveis de malícia.

"Fazem sim. Si você tem casa e tem mulher, então é direito que um outro venha e tome tudo? Então o imperador baixa uma ordem que o indivíduo que rouba a casa e a mulher do outro, tem de ser morto: isso é que é uma lei."

"O senhor vai botar tudo isso na cantiga, é?"

"De-certo."

"A gente possui lei também."

"Mas são decaídos, não fazem nada. Onde se viu passar o dia dormindo daquela forma. Por que vocês não fazem tecidos, vasos bonitos... Uma casa direita, de pedra, e não aquela maloca suja, duma escureza horrorosa..."

O Huitoto se agitou um bocado. Agarrou remando com muita regularidade, olhos baixos pra esconder a ironia luminosa que morava nos olhos dele. E se pôs falando com a monotonia das remadas, depois de acalmar bem a expressão e poder me olhar sério de novo:

"Moço, pode botar tudo isso na cantiga, que está certo pro senhor... Si o senhor me entendesse na minha fala eu contava melhor... Vossa fala, sei pouco. O senhor fala que a gente é decaída porque não possui mais palácio, está certo, porém os filhos do inca também não possuem mais palácios não, só malocas."

"Pois é isso mesmo: eles também são raça decaída!"

"Não são não! Os filhos do inca já não fazem mais palácio, isso sim. De primeiro eles faziam palácio, agora já não fazem mais, o senhor me entende? E não é porque espanhol tomou palácio que filho de inca não faz mais outro, filho de inca é feito a gente, podia fazer outro. Mas inca foi fazendo, fazendo palácio, teve um dia que fez um palácio tão bonito, era tão lindo que a gente parava assustado. Pois então veio outro imperador e fez outro palácio que também era tão lindo que a gente parava olhando. Ficou... não ficaram dois palácios não, ficou um palácio e ficou outro palácio, a gente parava olhando um palácio e parava olhando outro palácio...

Cada um era mais lindo que o outro, contam os pais das tribos, e foi uma revelação terrível. Todos puseram reparo, por causa do caso dos palácios, que tudo era a mesma coisa, tecidos de penas e leis. Tinha de tudo e tudo era do bom, porém tudo era do melhor. O imperador inda quis mandar uma ordem mandando a gente achar melhor só o palácio e a lei que ele tinha feito, porém a gente parava da mesma forma, olhando, na frente dum palácio e do outro palácio; e, por causa da lei, teve uma guerra temível entre os soldados do imperador e o povo. Quando se acabou, o povo que ganhara porque tinha brigado com certeza. Pois então puseram, no lugar do imperador, o primeiro moço que percebera que um palácio não podia ser mais bonito que o outro. Vai, o moço mandou uma lei ordenando que ninguém não construía mais palácio, porque no fundo da gente, a gente pondo reparo, no escuro, tinha um outro palácio mais guaçu, tão lindo, mas tão mesmo! que era impossível construir. Todos quiseram obedecer à lei do moço que sabia tanto, porém foi impossível por causa que isso não resolvia nada; nem caso de palácio nem as leis que deviam de fazer a felicidade do povo. Não resolvia porque se a gente assuntava, no escuro, o fundo da gente, percebia o tal de palácio muito lindo ou a tal de lei que fazia mesmo a felicidade, julgava assim e estava certo. Porém, atrás de palácio muito lindo e da lei perfeita, que de tão grandes não podiam ser praticados na vida que vai passando, atrás do palácio e da lei, no fundo da gente, no escuro, aparecia outro palácio e outra lei que pareciam inda mais perfeitos, mas que a gente nem podia saber se eram mais perfeitos mesmo, porque não era possível construir esses palácios sobre o chão, nem obedecer pras leis que, de tão boas, nem a gente conseguia saber quais eram!... Então toda gente se revoltou, e um terno de exaltados, de tarde, pegaram no moço tão sábio, e o enforcaram na maloca pobre dele. De muito que os filhos do inca já conheciam a coca, porém uma lei sempre falara que ninguém podia mascar coca, só doente morrendo. Os pais das tribos contaram os casos dos palácios pros filhos do inca, e eles ficaram horrorizados com as mortes que tiveram na guerra e na revolução. E foram, que nem Huitoto, muito mais sabidos, porque não fizeram mais guerras nem revoluções. O branco venceu a gente e se aproveita disso. Por se aproveitar é que dá terra pra Huitoto morar e mandou uma lei de índio trabucar no roçado vinte dias por ano. Huitoto podendo nem os vinte dias trabuca, é muito. Huitoto nem carece imaginar se é feliz, porque agora ele já passou pra diante do tempo do palácio e da lei. Huitoto é feliz, moço, não é gente decaída não. Huitoto não tem lei porque é feliz e por isso anda direito. Bota coca na boca e se alimenta. E vive bem. Huitoto só sabe o que Deus manda porque os Huitotos agora possuem um deus que manda neles. Não se amolam mais com o palácio de pedra nem com o palácio que tem no fundo da gente, no escuro."

Parou fatigado e remou pro vaticano. Chegando, se despediu assim:

"Tenho coca no bolso, aqui, porém dou não. O senhor tem um imperador que inda proíbe mascar coca... Pois então porque que o senhor desobedece! Assim inda fica mais infeliz. Não valeu de nada eu contar, sei. É muito tarde, não, é muito cedo pro senhor não ser infeliz... Falei mas foi pro senhor escrever uma cantiga mais bonita."

24 DE JUNHO

Inda Nanay com o barulhão do embarque dos toros. Manhã meia pau. Pelas doze horas volta a Iquitos. Grupo a passeio, tomando *helados*. Encontro com o cônsul que outra coisa não faz sinão nos encontrar, ora bolas! Passeio no trenzinho urbano. Bairro pobre com casitas mui lindas, mais que as brasileiras. Janta ótima, cerveja alemã legítima, as milhores conservas inglesas. Noite, baile oficial, no Clube Internacional, onde as danças ainda se iniciam com a quadrilha também oficial. Dona Olívia dança bem, com o prefeito de Loreto, que atrás chamei de presidente de província. Não é, é prefeito do departamento de Loreto. As moças (eu tive o bom senso de não dançar) erram tudo, como boas modernas. Balança é tomada dum *fou rire* que nos envergonha bem. No baile é que me falam de Silurga.

Em busca da infelicidade

Um amigo que desfez o lar.

I — "O que me preocupa é Silurga, minha filhinha. Miriam é jovem e bonita, não há de se acomodar com a posição de desquitada..." Me admiro do nome.

II — Como foi composto o nome de Silurga.

III — Minha sensação da impossibilidade de se ser feliz com tal nome. Não é blague não, há razões psicológicas.

IV — Os pais do meu amigo Adamantho, que acaba de desfazer o lar, se chamavam José e Maria, e foram felizes. Psicologia dos pais que dão nome extraordinário aos filhos. Desejo do excepcional, do brilho raro, do gênio. Na verdade vaidade dos pais. A felicidade que desejam pros filhos é relativa, querem é o sucesso: "Minha filha vai ser uma Guiomar Novais".

v — Psicologia da pessoa que carrega nome extraordinário. Há de insensivelmente descambar pra tendência de se excepcionalizar do comum.

a) Sucumbirá com frequência às tentações, porque se chama Silurga, não é como as outras.

b) Seus namoros serão espaventosos. Mas um dia vê um engenheirando lindo e forte, de futuro, chamado José. Silurga logo tem vergonha do nome. Não contem meu nome pra ele. Acaba contando, mas José tem um grande espanto, se afasta.

c) Si estudar, Silurga dará filósofa e psicanalista, é fatal. Cai numa roda literária, onde terá camaradagens muito descompostas com um poeta futurista chamado Taumaturgo. Porque os dois se sentem excepcionais.

d) E si casar Silurga exigirá iguais direitos, não ter filhos que a deformem e um dia, nunca ela saberá bem por quê, mas dá o fora no marido. Seu destino não é de mulher casada. A sinceridade vale tudo. E um novo lar estará desfeito.

vi — Ninguém sabe bem por quê, mas na base dessa destruição está o nome de Silurga, aquele nome procurado pra que ela fosse excepcional e que a predestinou à infelicidade. Não lembro se Gide se Huxley fala no como o homem organizou certo a vida dos animais domésticos, os de casal acasalando, os de sultanato dando-lhes haréns, evitando-lhes as guerras e os defeituosos conúbios. Só pra si os homens não conseguem arranjar nada de bom. Buscam todos os meios de infelicidade e chamam os filhos de Taumaturgo, Iseo, Miriam e Silurga em vez de Armando, Júlio, Paulo, tão agradáveis de dizer. E por isso, em grande parte por isso, mais o lar do meu amigo se desfez. Me esqueci de contar que esse meu amigo se chama Adamantho.

IQUITOS, 24 DE JUNHO

Nomes numa família nortista (Wanderley) residente em São Carlos (São Paulo):

Brasilianite
Brasilianife
Brasilianisque
Cajubi
Cajuci
Cajudi

E a última aparecida chamaram de Calobrama.

Gustavo o pai, Almira a mãe — a filha = Gusmira.

Uma preta de Araraquara chamou a filha de Vanadiol.*

E acabada a Guerra Europeia outra de Araraquara chamou o filho de Neutro.

O atual prefeito de São Carlos, Carlos Simplício Rodrigues da Cunha, pouco menos que analfabeto, que achava bonito ouvir falarem em "rua Davidor",** batizou o filho de Davidor.

---

* Vanadiol era um depurativo do sangue vendido na época que prometia curar tudo, desde a tuberculose até a indigestão.
** A rua citada seria a rua do Ouvidor, no centro do Rio de Janeiro.

Em Iquitos conheci uma chinesa chamada Glória. Eu conheci uma só glória nesta vida... Mas essa me beijou. Diante desta glória sórdida e chinesa tive a impressão dum desarranjo feroz. Ela estava com um nome que não lhe pertencia e me era impossível beijá-la.

O rato das sabinas

Contaram pro imediato do vaticano *São Salvador*, uma vez, que rato branco matava rato comum. Vai, o imediato querendo acabar com a praga da rataria do vaticano, comprou quatro ratos brancos e botou a bordo pra experiência, porém, como não queria fazer nenhuma criação de ratos brancos, comprou só quatro machos. Nem bem o navio partiu de viagem, principiou aparecendo quantidade de ratos mortos, não restava dúvida, os ratos brancos eram mesmo mais fortes. Porém passado algum tempinho, eis que principia aparecendo a bordo uma rataria malhada que tomou conta do vaticano, custou acabar. É que, em tudo, os ratos brancos eram muito mais fortes que os comuns.

Pra um dia de Iquitos

Cada vez que descemos de bordo nos examinam. Mas há um caso delicioso de contrabando. Era 24 de junho e estava um vaticano no porto. Então os marujos se lembraram de fazer um boi-bumbá pra brincar na cidade. Armaram logo um boi enorme, que precisava até dois homens por debaixo pra mover. E um marinheiro era Mãe Catirina, outro Cazumbá, formaram o grupo todo que lá foi descendo do navio no cais flutuante. Os guardas divertidos deixaram o grupo passar com suas danças gozadas,

Boi Caprichoso já não quer comer capim
Vaqueiro, faça a vontade que o boi quiser...

lá foram. Bem dentro da cidade porém, num escuro de combinação com peruano de algum boteco, viraram o boi. Estava cheio de garrafas de pinga e maços do famoso cigarro brasileiro. Ganharam um dinheirão.

25 DE JUNHO

Me esqueci de contar: ontem, passeando, passamos pelo cinema local que com grande estardalhaço anunciava último dia do grande filme *Não percas tempo*, com William Fairbanks. É que o filme ia e vinha no navio, conosco... Hoje partiremos. Visita matinal ao mercado. Inda menos interessante, como coisas à mostra, que o de Manaus. Mas a gente é de se ver. Aliás, depois da fronteira frequentemente encontramos páginas de boas revistas norte-americanas pelos matos e *calles*. A gente peruana é bem mais bonita que a brasileira amazônica, a mudança é sensível, e não se trata de pessimismo nativista. E que gente sem complexos, dá inveja. O Peru é o milhor país do mundo. No Clube, vendo os interessantes desenhos de jornais e revistas de Quito, me afirmaram que os peruanos são os milhores desenhistas do mundo. Mas o mais interessante é a guerra com o Chile, até parece a Alemanha de 14. Venceram tudo e no fim arrebentam em cóleras danadas contra o Chile, por causa deste ter vencido a guerra. Me contaram isso já umas três vezes. E estes iquitenses falam com a boca cheia de pedrinhas *chiquititas pero* de delicadeza bem discutível, que atiram com os lábios numa afobação habilidosíssima. É mesmo tão rápida a fala, que quando a gente principia recebendo as pedrinhas, pronto: a frase se acabou e se fica sem perceber metade do sentido. O contrário da fala brasileira, que quando a gente já percebeu e até decorou o sentido da frase, inda falta mais da metade do mel pra escorrer. Às doze horas o capitão Carrillo teve o topete de oferecer um cocktail a dona Olívia, no Clube Iquitos, e está claro que veio convite até pra mim. Não fui nem as meninas foram, espécie de escândalo. Mas o milhor foi ontem, quando chegávamos de Nanay, dona Olívia ter vindo me pedir pra não sair à rua, nos meus passeios, vestido à americana daqui, de camisa esporte, sem paletó. Depois da visita oficial de anteontem, saí assim, por ver que saíam assim todos os americanos e ingleses saudáveis do lugar. Mas diz-que causei escândalo, porque era visitante, e consideraram aquilo desrespeito à heroica capital do *departamiento* de Loreto. Pelas duas horas, fui visitar o meu encanto desta terra, a pintora Zarela Menacho, numa casa de pátio que é a mais linda de Iquitos. Encanto de visita. Dezesseis horas, visita oficial de despedida ao prefeito, mais *speech*. Parecia o papa recebendo a rainha da Bélgica. E o cônsul, ôh! o cônsul... Dezessete horas partida, todo o governo e toda Iquitos no cais flutuante. E a vida de bordo, vapor cheio. Os toros de caoba, empilhados na proa, impedem a vista livre. Frescor e rapidez da descida. O vaticano parece outro, rápido, buscando o meio do rio, abandonando as margens longe. Mas a neblina para o navio pela noite.

26 DE JUNHO

Céu nublado, chuvas. Passamos San Pablo pelo almoço. Vida de bordo, atopetada de gente, não é só brasileiro que viaja cheio de filhos. "*Dame tu mano, para que no resvales.*" "*Ya lo creo.*" "*Sírvase usted.*" Balança namora um inglês completamente desmanchado.

O indivíduo com o binóculo equilibrado nos bigodes. Passamos o dia comendo cocaditas peruanas, não se pode mesmo fazer outra coisa mais grave, infelizmente. O pior, com esta noção de navio cheio, é a multidão de pessoas invisíveis que tomam horrivelmente lugar. Não há tolda, não há lugar nenhum em que eu não sinta pessoas em redor. À noitinha, Letícia, alfandegária. O dr. Vigil se despede. Corre que é contrabandista, o que o enche ainda de mais interesse. E nem bem vogamos águas brasileiras, aparece muito lampeiro a bordo um oficial da Marinha peruana, que vinha escondido no camarote de Hideous Poxie. Apresentações. E vem Tabatinga, invisível na noite escura.

27 DE JUNHO

Não vê que lá não sei onde, nas alturas dos Andes, um inglês casara com uma peruana bonita. Vai, um tenente da Marinha peruana, regularmente feio, mas com muita simpatia e uma risada franca passando na frente de todos, conseguiu adornar a testa da loira Albion. Vieram a saber do caso, e os manos da peruana, muito vaidosos de sua aliança com a Inglaterra, se reuniram ao cunhado com tanta energia que o peruano teve que se esconder pela primeira vez. Assim mesmo, quando o caso já dormia o esquecimento de umas três semanas, achou jeito de fazer vir o inglês sozinho num lugar afastado e perguntou si era verdade que ele e os cunhados estavam decididos a castigar as volúpias dos tenentes em geral. O inglês fez que sim e o tenente da Marinha peruana deu uma surra no tal. Surra vasta que fez o estranho conhecer todas as espécies de camas peruanas, de chão de mucuim até as macas de hospital. A inglesada então pisou nos calos e deu um grito que ativou a embaixada. O tenente se viu com um processo nas costas, porém tomou um tobogã de susto que o fez descer em pouco tempo de três mil metros de altitude a estas vargens de Iquitos, pelo Marañón. Havia proibição expressa, mas todos protegeram muito o tenentinho, coitado! e nas asas auriverdes do Brasil, ele se escondeu na responsabilidade internacional de um qualquer Hideous Poxie, e nem bem Letícia passada surgiu na luzinha escassa da noite e de todos os dias. E todos o acolheram muito bem e eu fiquei muito edificado. Também: um inglês chifrudo a mais ou a menos, que têm com isso as asas auriverdes da compaixão?

Noite gelada e este dia também. Bateu a "friagem", descida dos Andes como os tenentes. Por nós, paulistas, foi bem recebidíssima. Enquanto estes amazônicos estão todos macambúzios, tiritando, nós numa alegria farfalhante. Manhã em Esperança. Dia em Remate de Males, onde vimos outra vez Richard Barthelmess, que nem a bordo quis vir. Trombeta soube que é filho de italiana e peruano, nascido no Brasil. Noitinha de-novo em Esperança. Os ex-noivos com que dançamos na ida vieram nos dizer adeus, que simpatia de gente! Não se pode dormir, há crianças que choram. Então Balança inventa cantar como galo. Trombeta a imita, eu imito, o tenente imita, e umas dez pessoas nas cabinas constroem um imenso galinheiro artificial, que si não fez nascer a aurora, obrigou as mães a cuidarem mais dos filhos. Vou dormir. Foi o dia mais rido da viagem.

28 DE JUNHO

A friagem continua. Manhã em Santa Rita, onde compramos redes de tucum. Fiquei com remorso, e além da minha, levo agora mais duas redes de tucum, uma pro mano, outra para o meu amigo

Pio Lourenço, de Araraquara, que tem a mania mansa da etimologia da palavra "Araraquara". São Paulo de Olivença. *Footing* com Dolur, conversando psicologia. Vida de bordo, cheirando criança. À noite, Tonantins, onde frei Diogo nos guarda um carneirinho pra comermos no dia seguinte. Embarque de lenha. Rapidez da descida. Partida pelas vinte e três horas.

Os índios Dó-Mi-Sol

Eu creio que com os tais índios que encontrei e têm moral distinta da nossa, posso fazer uma monografia humorística, sátira às explorações científicas, à etnografia, e também social. Seria a tribo dos índios Dó-Mi-Sol. Será talvez mais rico de invenções humorísticas dizer que eles, em vez de falarem com os pés e as pernas, como os que vi, em vez, no período pré-histórico da separação do som, em som verbal com palavras compreensíveis e som musical inarticulado e sem sentido intelectual, fizeram o contrário: deram sentido intelectual aos sons musicais e valor meramente estético aos sons articulados e palavras. O nome da tribo, por exemplo, eram os dois intervalos ascendentes, que em nosso sistema musical, chamamos dó-mi-sol.

É na subida do Madeira que encontro os índios Dó-Mi-Sol. Assim evita durante a subida a mínima descrição de paisagem, que farei só na descida, que é mais rápida. É um paroara que encontro cantando na terceira. Fica meu amigo e um dia pergunta si quero ver uma coisa. Me diz pedir ao comandante uma parada logo ali adiante, na boca dum igarapé e me leva conhecer o tal povo. Dar fisiologia desses índios, toda inventada. Descrever as cerimônias da tribo, suas relações tribais, família, frátrias etc. Religião. Sua filosofia e maneira de discutir.

Seu comunismo. No fim, dar uma série de lendas, de pura invenção minha. As lendas etiológicas se prestam muito para a fantasia. Dar um vocabulário também ficava engraçadíssimo, se prestando a efeitos muito humorísticos, mas só poderiam perceber isso os que soubessem música. E os músicos em geral são tão pouco perspicazes... É milhor desistir do vocabulário.

29 DE JUNHO

Monotonias da volta. Balseiro: grupo flutuante de paus, árvores, grama, especialmente cedros... A friagem se acabou. Portamos em Fonte Boa, além de outros lugares. O filhote de capivara na canoa. Baileco a bordo. O casal peruano diz-que dança muito bem, dançam dois tangos teatrais, que é de morrer de rir. Depois os peruanos de bordo dançam a *marinera*. Sapateado com lenço na mão. Na minha caderneta de diário encontro esta anotação: "A mulher do peruano Fuentes... e eu". Mas não há meios de me recordar o que foi que aconteceu entre mim e ela, coisa feia não foi, isso não se esquece. O diário continua: "Dormir de raiva".

30 DE JUNHO

Manhã em Caiçara, com o lago lindo pelas costas. Pelo almoço Tefé, com a casa dos padres. Naquela misturada de raças, pediram que assinássemos o livro das visitas, indicando as nacionalidades. Fulano, peruano; Sicrano, sírio; dr. Tal, gaúcho; Schaeffer, suíço; Balança, paulista; Guarda da Alfândega, amazonense; Mário de Andrade, brasileiro. Dentre os brasileiros de bordo, fui o único brasileiro, sem querer. Vida de bordo. A peruada simpática, a americanada também. Vivemos mais com eles: os brasileiros são moral e fisicamente desengonçados. Ora com mil bombas! Torno a encontrar no diário: "A mulher do peruano Fuentes e eu". Agora não tem reticências, entre mim e ela, como da primeira vez. Mas coisa bonita, garanto que não foi, coisa bonita não se esquece. Aliás, no caderno de notas soltas, encontro com esta data, às duas da madrugada, mais a seguinte anotação:

A Iara

Consegui avistar a Iara. Surgiu de supetão das águas, luminosa, meio corpo fora, tomando bem cuidado em não mostrar pra mim a parte peixe do corpo. É realmente muito bonita, meio parecida com uma certa malvada que andou, faz pouco, enchendo os meus descansos em São Paulo. Tem o perfil um pouco duro, cabelo preto bem aparadinho. O carmim da boca é nitidamente recortado. O canto dela é efetivamente mavioso, num ritmo balanceado mas sem síncopas.

Esta nota prova definitivamente que não houve nada nem de bonito nem de feio, entre mim e a mulher do peruano Fuentes.

1º DE JULHO

Manhã de chuva. Parada pra lenha em São Sebastião. Passa uma lancha com soldadesca, indo pra Coari, onde mataram o prefeito. Logo adiante Codajás com empalhador de pássaros. Depois de um dia parado pra contentar portinhos de lenha, chegamos às vinte horas em Manacapuru, vista com a imaginação. Mas vêm a bordo chapéus e cestinhas de palha jupati, brilhante.

A um indivíduo mitra que nós, em São Paulo, chamávamos "cainho" e é voz já muito esquecida, aqui no Norte usam chamar de "munheca de samambaia".

Me contaram que os gaiolas pequenos passam até onde não dá calado, da seguinte forma: como o fundo do gaiola é chato, vendo um banco de areia pela frente, dão toda a força ao naviozinho pra encalhar. E o gaiola encalha de cheio, porém a roda continua rodando com força, a água reflui violenta em torno do barco, o suspende nos braços, e o atira do outro lado do banco de areia.

Índios Dó-Mi-Sol

Também poderia pôr junto da tribo Dó-Mi-Sol, outra tribo inferior, escrava dos Dó-Mi-Sol, justamente porque falava com palavras como nós, e d'aí um estreitamento de conceitos que a tornava muito inferior. Mas por intermédio desta tribo poderei criar todo um vocabulário de pura fantasia, mas com palavras muito mais sonoras e de alguma forma descritivamente expressivas, onomatopaicamente expressivas, dos seus sentidos.

Estou passeando no grande mucambo do rei e num dos compartimentos encontro uma rainha comendo, coisa safadíssima. Ela fica indignada e me passa uma descompostura. Foi uma chuva de sons, trinados, destacados, saltos de oitava duma velocidade e dum belcanto admiravelmente virtuosístico, meu Deus! que tarantela!

Aliás, força é notar que o número de sons que eles possuíam era muito maior que a nossa pobre escala cromática. Era frequente o quarto de tom, não raros os quintos de tom. Um dos paredros mais apontados da tribo Dó-Mi-Sol (e si eu a chamasse Mi-Mi?...) falava constantemente palavras em que entravam sextos de tom e outras miudezas sonoras que inda me pareceram mais sutis. Inventara um vocabulário próprio, exclusivamente dele e que ninguém não compreendia. Era um grande filósofo, todos afirmavam. Os que, depois de vários anos de estudo, conseguiam o interpretar o achavam genial, e davam pra se degradar, degradar e ficavam completamente degradados. Escutei muitas vezes esse filósofo falando ao povo, sentado nas raízes das sumaúmas ou encarapitado no oco dum pau. Era como um chilro leviano de passarinho; e, com exceção dos discípulos degradados, todos iam aos poucos adormecendo. Então o filósofo sacudia levemente a cabeça, e num sorriso meigo compreendia e aceitava a incapacidade geral de o seguir. Calava-se. E como o exercício do chilro o enchera muito de ar, peidava com melancolia.

2 DE JULHO

Madrugamos em Manaus. Prefeito. Almoço em terra. Fujo visita a colégios. Conversa natural com Raimundo Morais no Ponto Chic. Preparos. O médico dr. Olímpio, furibundo por ter de seguir na viagem ao Madeira, por nossa causa. O Clóvis Barbosa, redator de *Redenção*, simpático. Partida às dezoito horas, dr. Monteiro, presidente, mais todos. Gente boa, Fonte Boa... Achei Manaus mais quente que Iquitos... Aliás, essa história de calor, a gente mais ou menos se acostuma. Não se acostuma por causa dos naturais desta terra, que não se esquecem de nos dizer todo dia e todo o dia, que "no dia de hoje está fazendo um calor excepcional". E principiou um dos crepúsculos mais imensos do mundo, é impossível descrever. Fez crepúsculo em toda a abóbada celeste, norte, sul, leste, oeste. Não se sabia pra que lado o sol deitava, um céu todinho em rosa e ouro, depois lilá e azul, depois negro e encarnado se definindo com furor. Manaus a estibordo. As águas negras por baixo. Dava vontade de gritar, de morrer de amor, de esquecer tudo. Quando a intensidade do prazer foi tanta que não me permitiu mais gozar, fiquei com olhos cheios de lágrimas.

3 DE JULHO

Amanhecemos, pleno Madeira, no porto de lenha Santo Antônio. Me esqueci de contar que viajamos agora noutro vaticano, o *Vitória*, que navega mais fácil que o *São Salvador*. Capitão Jucá, um mefistófeles gordaço, mais simpático que Hideous Poxie. E que alegria na caboclada! Rio bem mais habitado. Casaria gostosa, milhor que a do Solimões. Agora estou compreendendo: o Madeira, me diziam, é que era um rio "alegre", quando eu me entusiasmava com as cantorias dos passarinhos do Solimões. Aqui, tem muito menos passarinho, mas tem mais gente. E rio "alegre" nestas terras vastas de pouca gente, é rio com gente, não é rio com passarinhada cantando. Estou bem divertido outra vez, mas depois do porto de lenha Caiçara, na cabina, me limpando à cachaça dos mucuins, ouço os curumins de bordo brincando no salão. Arrastam cadeiras e um diz: "Eu sou a Amazon River!". Outro grita depressa: "Eu sou a Madeira-Mamoré!". "Ora, Josafá, não podes ficar na minha frente não! Aí é Porto Velho!" Brincam assim, e de repente o *spleen* me bate. Virei Pullman da Paulista, estrada de rodagem caminho do Cubatão, pé de café, telefone: cidade 5293, uma angústia agitada, irritada, vontade de estar em casa, pra sempre, basta de viajar! Não vou jantar, pronto. Me deito suando. Gosto de saber que estou suando, que está fazendo muito calor, que estou não aguentando mais! E durmo. Pelas duas da madrugada passamos Borba, vista em sonhos. Pesadelo famoso. Choveu toda a noite.

Cunhatã

Você está sentado, ela chega, põe a mão no ombro de você:
"Agora temos mais sete dias até Porto Velho."
"Como é seu nome?"
"Magnólia, eu vou na companhia do comandante. Vou ver titia."
"Aquela outra, de azul, é sua irmã?"
"Não, futura cunhada."
"Sei..."
Espanta a naturalidade e a firmeza de noções com que ela fala. E não terá talvez nem dez anos!
"Sou boliviana de nascença mas me considero brasileira."
"Onde que você mora?"
"Faz seis anos que moro em Belém. Logo que eu nasci minha mãe fugiu com outro boliviano. Agora ela está no Rio de Janeiro, com outro boliviano. Fugiu outra vez. Ela já mudou umas cinco vezes de boliviano."
Tudo está certo, menos a mãe estar no Rio. Todo o pessoal já sabe a bordo que a mãe de Magnólia morreu assassinada. Uma das crianças por ali escuta a conversa e diz:
"A tua mãe está morta!"
Magnólia estremece, pegada numa mentira. Os olhinhos dela piscam muito, e ela enrubesce, com uma grande vergonha de ter a mãe morta. Mas reage. Ergue o rostinho com altivez e pergunta pro menino:

"E a tua? Tua mãe ainda não está morta?"
"A minha não!"
"Pois a minha mãe está morta!"

Há um minuto de assombro, tal o orgulho com que Magnólia afirmou a morte da mãe. As crianças estão meio indecisas, não sabem si não estão sentindo um pouco de inveja, por não terem a mãe morta. Magnólia se retira, lenta, com firmeza.

Habilidade política

No Pará o governo só nomeou para prefeito das cidadezinhas gente de fora delas, porque assim, o prefeito, novo, desligado da política local, se interessava livremente pela cidadinha. E de fato, elas progrediram muito com isso. No Amazonas, o que fez o governo? Em vez de nomear gente de fora, nomeou nativos, bem integrados na política de cada cidadinha. Assim, eles amavam o torrão natal, estavam bem integrados nele, conheciam de longa data as necessidades locais e podiam agir mais fecundamente. E de-fato, as cidadinhas progrediram muito com isso. É o que dizem.

Dona, ponhamos, Zefa

Falar em governos, me contaram ainda de outro, do Amazonas, que até ficou conhecido por "governo de dona (ponhamos) Zefa". O presidente até dizem que era muito bom, queria ser honesto etc., mas dona Zefa mandava nele, e aliás era muito boa senhora também. Então o marido, no palácio Rio Negro, recebia a cartinha dela: "Meu marido, olha o *Hildebrand* está no porto e a renda dele me contaram que vai ser de uns cento e cinquenta contos. Isso você dá para o Alarico, porém a renda do Francis que vai ser de mais de duzentos, essa você dá para o nosso filho mais velho, que precisa mais e tem de se casar. Beijos da tua Zefa".

Filho do chefe político
inda bem não é gerado
diz o pai minha mulher
já tem no ventre um soldado
mas antes de sentar praça
eu o quero reformado.
("O povo na Cruz". Fundos Villa-Lobos, III, p. 116.)

4 DE JULHO

Pela manhãzinha passamos por Sapucaia-Oroca. Esse era um *pueblo* muito festeiro, dizem, que justamente estava numa festança impossível, dia do Menino Deus, 25 de dezembro. Vai, uma velha muito boa que também estava na festa por causa da filha e do genro, os netinhos vieram se queixando junto dela, que estavam morrendo de sono. A velha disse que sim, que levava eles, mas ainda foi insistir com o genro e com a filha, que era tarde, viessem pra casa também. Até se lembrou que ela, com força de velha, inda que sendo velha muito boa, era difícil atravessar toda a largueza do rio, pra chegar lá em casa. Mas nem o genro nem a filha quiseram saber de nada, e caíram no samba com furor. A velha sacudiu a cabeça, ajuntou os netinhos muito triste, subiu no casquinho com eles e imaginou como é que ia ser. Força pra vencer a corrente do rio, ela não tinha, e agora? Os netinhos chorando, ali. Então, desesperada ela pegou na jacumã, assim mesmo, e nem bem principiou remando ficou admirada porque estava com muita força! Pois nem bem chegaram no meio do rio, se escutou uma bulha tamanha lá em Sapucaia-Oroca, velha virou pra ver, com os netinhos, e era a terra-caída. Num átimo, com estrondo, tudo, as casas, o barracão, tudo desapareceu com gente, música, festa e tudo, n'água do rio. Só a velha boa se salvou com seus netinhos. Porém sempre, no dia do Menino Deus, se escuta em Sapucaia-Oroca o som do violino e dos violões da festa, continuando assombrada no fundo do rio. Em Lagoa Santa, Minas, tem lenda deste mesmo ciclo da cidade afundada, que escutei lá.

Portamos em Vista Alegre, a milhor propriedade do Madeira, com frente da igreja caída. Casa bonita, excelente. Às dezesseis e trinta portamos no barracão América, na ilha das Araras, a maior do Madeira. Descemos. Vinte e trinta em São José do Uruá. As moças estão meio mornas. Falta americano a bordo. Às vinte e três horas, Vencedor, de Carlos Lindoso, maranhense viajando até Manicoré. Embarcaremos lenha até quatro da madrugada — hora em que acordo. Numa viagem pra Iquitos, cada vaticano da Amazon River gasta mais ou menos quatrocentos milheiros de achas de lenha. No Amazonas o milheiro fica por vinte e cinco mil-réis. No Solimões, sessenta. No Madeira vai pelos cinquenta. Um marinheiro de vaticano, "trabalho penoso" não alcança duzentos mil-réis mensais, nem com os extraordinários.

Fibras e nomenclatura

Ontem, no porto de lenha Caiçara do Madeira, compramos chapéus e cestas de "tucumarumã" ou "tucumaruã" piranga, palha avermelhada. Ainda disseram "tucumãuã" e "tucumãhy" ou "tucumã-açu". Mas outro, um major, me garantiu que era "murumuru" e não "anumã", "como os outros estavam falando". E ninguém tinha falado em "anumã"!... Chapéu de tucumã branco. Chapéu de tucumarumã. Chapéu de carnaúba. Chapéu de timbó-açu. Chapéu de jupati. Chapéu do chile.

Sacado: é quando, numa curva muito forte, o rio abre um furo novo que encurta caminho pra água. A antiga volta, inútil agora, fica se chamando "sacado".

Casquinho de caranguejo: prato finíssimo, e muito vistoso quando preparado no próprio casco do caranguejo. Quando se vê uma menina boa, no Pará, dizem que "fulana é um casquinho". E como a caça da tartaruga consiste em pegar ela na praia e virar a bicha, que assim não pode fugir mais: os rapazes chamam "ir virar tartaruga", sair em busca de caboclas mais ou menos desprotegidas na praia pra.

5 DE JULHO

Ainda a noite é funda. Núcleo de um cometa no alto, em cima da proa. Parece que vai clarear mas logo bate um instante de escuridão intensa. Antes de qualquer prenúncio de claridade no céu, é o rio que principia a alvorada e se espreguiça num primeiro desejo de cor. Bate um frio nítido. No conchego morno e mais que úmido, positivamente molhado do noturno, sai brisando de uma volta do rio um ar quase gélido que esperta. Esperta os primeiros cochilos das cores apenas, nenhuma ave por enquanto. Um aroma vago, quase só imaginado, porque os rios da Amazônia não têm perfume, um perfuminho encanta os ares e se sente que o dia vai sair por detrás do mato. E então o horizonte principia existindo. É uma barra escura, dura, largada em volta, cercando a gente por igual, de todos os lados. Nenhuma evaporação. Guardada nesse horizonte crespo, a água inda lenta do Madeira, vazando pouco, represado pela corrente mais imponente do Amazonas, ainda continua mais clara que o céu. No oriente, uns braços de cores aguadas, sem vontade, numa indolência enorme. O friozinho arrebitado insiste em mexer com todos, mas o dia vem vindo lento, aguado mesmo, quase nada colorido, é mais luz indecisa que cor definida, pretejando umas nuvens pequenas que se puseram na frente. Juro que o primeiro som ouvido foi um galo de uma civilização inda dormida na rede da casinha de palha de coqueiro. Mas o ouvido acordado se abstrai do murmulho das águas fendidas e do arfar binário das caldeiras e consegue distinguir uns trinadinhos sem valor, suspiros. Tudo vem lento. Só a cor, quando dá mesmo pra sair, se define com rapidez. Um olhar que se retire da arraiada, quando volta já encontra cores novas. O azul se define, cor de enfeite de Nossa Senhora. Um roseado sem muita graça, trêmulo, maleiteiro se arroja no ar e logo tem um desmaio sem alarde, vira dum amarelo incolor e acaba ficando branco. É só o tempo de acender o cigarro e até o azul nítido de há pouco foi branqueando também e temos um desagradável céu branco, com as nuvens de cinza adiante. E é só. Mas olha aquela nuvenzinha que está saindo do oriente, traz no rabo quase ainda por detrás das árvores, traz sim como um debrum de roxo vivo. Não é mais roxo, é escarlate. É escarlate e a nuvenzinha vibra no fundo, manchada de rosa brilhante, de encarnado e algum ouro nas bordas, também. E já o horizonte redondo, inteiro se roseia de manso. As nuvens criam coragem. Até longe, bem no alto do céu, vejo um farrancho delas, todas vestidas de luz clara, são laranjas perfeitos e uns brancos louros com ar de vida infantil. Agora o rio todo é de crepe claríssimo, que a brisa ponteia com os gritinhos de umas três gaivotas. E assim que se acaba aquela ponta de ilha e o horizonte se agacha bem mais longe, o sol fura danado as sensações. Há um fogaréu de fundição chofrando pra baixo nas águas refletidoras. O rio se escurenta em volta, cinza pura, a mancha vive só, com os reflexos rodeando e o foco de ouro laranja em cima, sublime, de violenta grandeza. Só a nuvenzona na frente inda está escura no céu. O resto é azul vivíssimo outra vez, e rosas, marrons, verdes, laranjas, amarelos. Bulhinhas mirins de passarinhos por aí. A brisa curta penetrando tudo. Um primeiro embaciado na aberta do paraná e uma primeira, prodigiosa volúpia de calma. Dia de calorão vai fazer... Lá pelas nove horas, no mais... A roupa está umedecida. O chão preto da tolda escorre encharcado uma água que não choveu. E o grito bem riscado, firme do bem-te-vi. Trinados na margem baixa, a estibordo, movida atrás pelo zigue-zague dos ramos das castanheiras. Que calmaria serena... Que mundo de águas lisas, fluidas... Que espelho claro... As caiçaras nos portos... Uma ausência plena de inquietações, de audácias, de Pireneus ambiciosos... E o sol, o sol do lado, todo de ouro branco, claro, mui claro, claríssimo, impossível da gente fitar. E há quem xingue a alvorada do *Schiavo*...

Pelas oito horas barracão Santa Helena pra entregar batelão. À tardinha estamos em Manicoré, na barranca elevada, caindo tanto que a fila de casas marginando o rio em alguns lugares está a três metros do barranco se esboroando. O prefeito Feliciano e o juiz nos recebem. Compro cachaça ótima e chapéu de carnaúba. O passeio, já sabe era aquela multidão, umas vinte pessoas atrás da gente, se sentindo na obrigação de ver tudo com a gente. Eu era dos da frente. Nisto me beliscam na perna, por dentro da polaina. O beliscão foi forte, dei com uma perna na outra, pra disfarçar a dor, ah! Foi um Deus nos acuda! Milhares de mordidas nas duas pernas, eram pontas de fogo, não resisti, na frente daquela gentarada mesmo, sentei no chão, arranquei polainas, botinas, meias, me esfreguei, me babujei, berrei, fui correndo pro *Vitória*, completamente destroçado. Pisara numa correição de formigas-de-fogo, coisa que nunca vi. Ao Leão de Ouro. "Nesta casa não se tratam (sic) negócios aos sábados." Imaginei que o lião de ouro dedicava os sábados ao estudo da filologia, mas o juiz, muito envaidecido, secundou que não! Ele, juiz, é que fizera o lião consertar o português de parede. Uma coisa que de longe venho reparando, os caboclos do Madeira estão já na moda: menos criançada e mais cachorro. Quase às vinte horas encalhamos, coisa de vinte minutos. Ainda batemos, logo depois, num banco de areia, porém sem encalhar.

6 DE JULHO

O *Vitória* esbarra nos bancos de areia e sacoleja inquieto, nos dando sensações bestas de mar. Voltas bruscas do Madeira. Paradinhas em Santa Marta e Limoeiro. Pelas onze parada na boca do lago Uruapiara, que tem muitos castanhais. Não descemos. À tardinha, Bom Futuro, bonita. Os apitos de bordo, chamando os casquinhos pra entregar encomendas, gentes, cartas, os apitos trinam até dobrar, numa carreira de ecos que vão dar na Colômbia e na serra dos Parecis. Oh, margens mudas do Madeira... Não cantam nada estas praias, bonitas por demais pra serem também inteligentes, como sucede com as mulheres. Bandos de borboletas amarelas, brancas. Estamos passando as pedras de Baianos pelas dezoito horas, passagem dura pros sondeiros dos dois lados do navio. O sondeiro: "Três e meia...

Três e meia... Três e meia... Mesma água...". O praticante vai repetindo: "Três e meia... Três e meia... Três e meia... Mesma água...". Acabo o meu dia, escutando cantigas na terceira classe, entre tapuios simpáticos e pacientes.

Naco de prosa cearense

Sujeito pequeninho, mal colocado na terceira. Rijo, daquele magruço bom que deixa apenas músculos no corpo. A velha Vei, a Sol, chupou toda a gordura, deixando em troca a ardente morenês e os olhos fundos, claros; e o resto que sobrava da gordura nordestina isso foi no enxurro das chuvadas, lá dos limites da Bolívia, quando o inverno vinha feito por cima dos seringais. Ar safadinho, meio gasto, com a voz lenta cantando ao violão pra deixar o sono chegar ou pegar algum gosto de mulher, si achar. E assim dizia: "Vou mais pra diante de Guajará, são ainda três dias de lancha até chegar no meu barracão. A família está no Pará. Baixei só para tomar a bênção de minha mãe. Tenho um irmão em Guajará, patrão de lancha e outro em Porto Velho, empregado no Posto. Também já levei esta vida dura de bordo. Fiz seis anos de navegação, porém larguei duma vez essa vida. Faço de tudo, trabalho não me assusta, porém que seja recompensado. Isso de marujo, que nem dorme direito, até por cima de boi botando a rede, pra ganhar oitenta, noventa mil-réis, não vai comigo. Larguei e fiquei em Guajará, numa casa alemã, empregado. Depois comprei um seringal da casa mesmo, os patrões me ajudaram, comprei vinte contos de mercadoria e meti com os meus homens pelo mato. Nesse ano os índios mataram logo quem? O meu mateiro. Fiquei no mato com a colheita, não sabendo o que fazer. Passava as noites num susto, os índios querendo queimar meu caucho e até chorei. Depois, a gente sem mateiro não vale nada. Andar no mato, ando; com a minha bússola vou pra toda a parte, porém o mateiro é que sabe, abre rumo e vai em zigue-zague direito onde estão as árvores. Nesse ano perdi oito contos. Os patrões perdoaram quatro e o resto trabalhei pra pagar. Também é só mais um ano: quatro anos de caucheiro bastam!... Depois vendo o meu seringal e vou-me embora pro Rio de Janeiro".

Índios Dó-Mi-Sol

As evoluções e mutações políticas não chegarão jamais a criar uma felicidade mesmo relativa. Elas apenas modificam a aparência da infelicidade humana, a maneira desta se manifestar. Apenas. Isso aliás é quanto basta pra valorizá-las porque permite, no homem, a permanência da ilusão.

Os índios Dó-Mi-Sol formavam uma espécie de matercracia comunista, com distribuição coletiva das ocupações, tendo por base a injustiça. Assim, ninguém se queixava. A mãe dominava tudo. Havia até provérbios, primeiramente meras frases feitas obrigatórias, nascidas dessa importância dominadora da mãe e da mulher em geral. Assim, aquele um, bastante enérgico, todo em fusas rápidas, e com um salto de oitava descendente no início. Traduzido textualmente dava: "Irias mandona arranjar-se com". Em nossa fala, pois que "mandona" pra os Dó-Mi-Sol é sinônimo de mãe, teríamos a tradução assim: "Vá ter com a mãe!". Esta primitiva exclamação ritual, dantes só dita pelos machos, significava que eles não se incomodavam com os problemas de alimentação da tribo. Mas agora, tornada a frase provérbio, significa mais ou menos o que diz o nosso "Quem não tem cão, caça com gato". As suas nuanças de significado variam apenas nas flexões pessoais do condicional do verbo ir. De-fato, como vimos, a tradução ao pé da letra nos deu um "irias" no condicional. É que esses indígenas tão curiosos, como já falei, possuem um filósofo verdadeiramente genial, que entre outras muitas coisas conseguiu provar a muita gente a inexistência do movimento. Isso aliás provocou uma transformação violenta na vida social e intelectual dos Dó-Mi--Sol. Formou-se um partido político exclusivamente masculino, provando que o movimento não existia apenas para os machos. Isto desolou enormemente as mulheres, que passaram a tratar os homens por um intervalo descendente de quinta diminuída que significa mais ou menos "ingrato". Então os homens, com muita choradeira, se reuniram na Praça da Mãe, e reconheceram a necessidade de intercalação de mais um item no programa do partido, que aceitava a mobilidade para certas ocasiões. Isto é, como não podiam mesmo aceitar a existência do movimento depois do filósofo, mudaram a palavra, lá nos seus sons, pra outra que significava "motricidade". Mas desde esse tempo, por não aceitarem a existência do movimento, os índios Dó-Mi-Sol só empregam os verbos de movimento, de moção, de locomoção, no condicional. Atualmente, qualquer verbo apenas ativo, eles o empregam só no condicional — o que lhes deu aliás uma percepção muito mais transcendente da vida, está claro.

7 DE JULHO

De manhã passamos pela praia do Juma, lindíssima, larga, com cem milhões de gaivotas. Lá enxerguei o homem que fora assassinado pelas gaivotas. Foi apanhar ovos delas e elas principiaram caindo de vinte metros em cima dele, com bicadas na cabeça, a primeira que caiu, matou. Mas elas são boas, dizem os práticos deste

Madeira na vazante. De-noite, na escureza, quando o vaticano sobe, arfando monótono, com o sacolejar binário das caldeiras, o prático sem querer cochila no posto, vem vindo o banco traiçoeiro, e o navio vai encalhar. Porém elas acordam com a bulha do navio chegando e abrem num alarma desgraçado, "Tem praia", "Tem praia!". O prático acorda assustado, dá uma guinada no leme, e o navio se salva. Às nove horas portamos em Três Casas, porto sem porto, barranco de oito metros pra subir quase a pique. Desci, isto é, subi sozinho, porque me falaram ser lugar de índio e de pacovas célebres pelo tamanho. Não vi nem uma coisa nem outra. Só encontrei um velho, recebendo a gente com agrado, mas que os índios estavam não sei onde, no aldeamento longe, e havia catapora. Desisti do argumento das pacovas e fugi num átimo. Na boca dum igarapé um pessoal deitava a linha só pelo esforço muscular de tirar a pescada fora d'água. Batiam com as costas do facão na cabeça do peixe e adeus vida. Os botos em quantidade, pulando às vezes dois, três ao mesmo tempo fora d'água, numa festa. Dez e trinta, Moanense, desci. Casas e vacas, vacas! Vida de bordo. Gamão:

"Bichinha, não falha! Seis e dois, seis e dois, êh... seis e dois!"

"Paris a Londres!"

"Você sabe que só tiro três, arrisca?"

"Questão de coragem, parceiro, arrisco sim."

"Lá vai três!"

"Gamão cantado!"

"Homem... tem horas que dá vontade da gente pegar nos dados, no tabuleiro, pedras, no competidor também e ir jogar tudo n'água! Palavra!"

Aqui, falam sempre jogar "n'água". Nós lá no sul falamos jogar "no lixo", jogar "na rua". É natural. Aqui a criançada vive n'água, cada um tem o seu casquinho, todos molhados. No sul, nem bem

Puxando cabo pra consertar palheta
Ritmo
8 jul. 1927

o filho chega perto do lavatorinho, a mãe logo se assusta: "Menino! você se molha!". Imagino as mães por aqui, quando os filhos brincam com terra, ao sol, gritando logo: "Menino! você se enxuga!". Às dezoito horas, já escurecendo, Humaitá escuríssima, mas uma simpatia. Porque será que há cidades simpáticas e cidades antipáticas!... Humaitá é logo uma simpatia deliciosa, com o prefeito que traz bondade até na roupa, e uma gente falando com naturalidade, conhecidíssima desde sempre. Tinha quebrado uma peça da eletricidade local e a cidadinha estava às escuras. A recepção foi assim, às escuras, com gente carregando lampiões, uma gostosura de entre ridículo e pândego. Nos levaram até a "biblioteca" e Sérgio Olindense fez um discurso. Bom, já estamos acostumados a discursos, Rainha do Café, ilustre dama paulista etc., nem prestávamos atenção. Mas nem bem se dirigiu um minuto pra dona Olívia, eis que o Sérgio: "É vós, Mário de Andrade..." etc. Tomei um susto. E o Sérgio a deslindar minhas qualidades, meus modernismos e literaturas, com firmeza. Não é humildade não, mas fiquei meio besta, aquele discurso virado pra mim... Tinha impressão de um bruto desrespeito ao protocolo, ao ramerrão da nossa vida amazônica, nem sei, estava muito incomodado. E pela primeira vez não repeti meu improviso de Belém. Depois do discurso fui abraçar o Sérgio, e como via mesmo que estava entre gente cômoda, natural, gostosíssima, que não ia reparar, não fiz discurso nenhum. Depois fomos à casa do fundador da cidadinha, comes e bebes deliciosos. Prepararão um boi-bumbá pra nossa volta. O trapiche de Humaitá é de forma original. Uma escadaria branquinha, feita de cimento, desce de um coreto de recepção até o fundo do rio. Pela primeira vez vi boi subindo escada. Empurraram o coitado até a beira do convés da terceira e o fizeram cair no rio. O boi fica nadanadando por ali, meio angustiado, mas da escadaria, puxando a corda que o prende pelas guampas, dirigem o nado do boi até lá. Pois ele vai subindo, com uma facilidade de gente.

8 DE JULHO

Noite inteira parados por causa duma passagem difícil. Só principiamos navegando ali pelas seis horas. Pois assim mesmo, nem bem hora andada, se quebra a palheta da hélice de boreste. Parada numa praia. Mas não há jeito de consertar aqui, não sei bem por quê. Seguimos assim mesmo. Seringal do Mirari (?, não consigo ler direito minha nota no diário) bem bonito. Por aqui as praias estão fazendo exposição de bacuraus. Se avança com lentidão mesquinha. Gamão:

"Seis e ás, casa faz!"
"Dois e quatro, casa no mato!"
"Cinco e três, casa fez!"

Dezoito horas. Fundeamos num remanso, vaticano bem amarrado, esperar dia seguinte pra consertar a palheta.

O pesadelo do outro dia

Não tem nada de mais, nenhuma originalidade, mas prova que não fui feito pra viajar, meu destino é viver em casa, entre meus livros, sem lidar com muita gente estranha. Estava num hotel que tinha uma enormidade de andares. Estava embaixo, no hol, terrivelmente atacado ora por uma pessoa só (não conseguia distinguir a cara de ninguém), ora por grupos de cinco, seis, ligados contra mim. Era extraordinário o que eu fazia em todas aquelas brigas, proezas formidáveis, batia sempre e vencia, mas não conseguia uma só vez sair vitorioso. Vencia, mas não conseguia nem a vitória minha nem a minha derrota! E nisso estava o sofrimento horrível do pesadelo. Além de sentir muitas machucaduras, pois que os outros, embora vencidos, conseguiam me bater também. Então mudei de tática e fugi pelas escadarias acima. E o sofrimento ainda foi pior. Havia um elevador que as escadarias circundavam, mas, sem que houvesse razão sonhada pra isso, eu não podia tomar o elevador, tinha mesmo que subir todas aquelas escadarias de centenas de andares. E em cada patamar era aquela mesma coisa: inimigos solistas formidáveis ou aos grupos, e em cada patamar (agora eu tinha um formidável cacete na mão), tinha que lutar, bater, deixava todos derrubados, apanhava também, e era subir, subir. E então o sofrimento se tornou insuportável, porque veio na minha lembrança que quando chegasse lá no fim dos andares, teria que descer de novo e encontrar todos os inimigos levantados, sãos, prontos pra brigar mais, dei um grito. Escutei bem, pra ver si ninguém tinha acordado com o meu grito, acho que ninguém acordou. Só vendo o estado em que eu suava. Pus um chambre e dei umas voltas pelo tombadilho, recebendo o arzinho pra acalmar. Só bem uma meia hora depois, consegui me deitar e ter um sono digno de mim.

9 DE JULHO

Até meio-dia trabalho dos marinheiros pra conserto da palheta partida. Brincadeiras deliciosas de praia. Partida. Pelas quatorze horas passamos sem descer por Calama, quem se lembraria nunca de não descer, que vaticano teria o desaforo de não parar aí, nos tempos da grandeza da borracha!... Calama já bateu recordes de produção de borracha, com os seringais famosos do rio Machado. E ora descendo, ora sem descer, vamos debruando as paradinhas, Retiro São Francisco, em de mais longe as missões do mesmo nome, à tardinha o barracão Coimbra, onde como boas tangerinas na vista larga, e onde as picotas, já bem quintalejas, fazem barulho por nós. E inda lá pelo meio da noite, chegaremos ao porto de lenha Colhereira, e aí ficaremos o resto da noite. Aliás, tivemos hoje um entardecer estranhíssimo, todo azul e rosa da banda do oriente. E numa língua vasta de praia, bem no meio do rio, a marrecada em fila, nos vendo passar.

10 DE JULHO

Saímos de Colhereira, já dia, seis e quarenta. Paradinhas a manhã toda, que rio "alegre"... Pelo almoço, portamos no barracão Monte Carlos, e nem bem levantamos da mesa, desci em terra, ver coisas, eu só. Os bandos de borboletas, milhares de borboletas, uma sozinha, assim amarelo aguado, não tem graça, os bandos são esplêndidos. Pois quando me lembrei de voltar pro vaticano, foi pândego, o *Vitória* já estava ao largo, indo-se embora. Gritei ao capitão Jucá, lá na torre de comando, presidindo a manobra:

"E eu, capitão!"

"Si o senhor não faz questão de andar um pouco a pé, vamos parar logo aí adiante, em Vitória..."

"Isso não faço não!"

Virei para as poucas pessoas do lugar, logo arranjei um piá que se prestou a me servir de tapejara, e lá fui, pelo mato claro de beira-rio, num trilho de índio e sombra luminosa, numa ensolarada sensação de aventura. As casinhas enfileiradas, a maioria graciosas, encurtando o quilômetro e pouco que eu tinha de andar. Logo adiante se enxergou o posto importante, xera do nosso vaticano, *Vitória*, depósito da seringa boa do Jamari. Aí desceram todos e se deu uma fábula conhecida. Viaja conosco um francês, conosco não, viaja e se acamarado numa língua de trapo. Estávamos passeando, as moças, ele, eu, quando topamos com um rapazinho trepado numa goiabeira, jogando as frutas maduras no chão. As moças quiseram. Então falei ao menino:

"Assim não, escolha só as milhores e em vez de atirar, bote neste paneiro."

E tirando o chapéu fiz com ele um paneiro *ad hoc*. O rapazinho encheu o chapéu até a beirada do meu "basta" e, quando o recebi assim cheio, não podia pagar o rapaz. Passei-o ao francês pra ficar com as mãos livres, e enquanto trocava com o menino um *shake-hands* de dois mil-réis, o francês lá se foi com chapéu e goiabas, oferecer a dona Olívia, às moças, a outros seus conhecimentos de bordo com grande encanto de todos e muito-obrigados efusivos. Foi assim.

Faz um calor... O Jamari escancara a boca, largo, do outro lado do rio e boceja lerdo. Pela tarde, parada em Aliança, cujo dono abriu um canal, só ele, pra ligar a propriedade com o Madeira. As tardes estão cada vez mais maravilhosas. Parados noite toda, por causa da passagem difícil do Tamanduá.

Chibé

Espécie de pirão feito com farinha-d'água e água fria. Comida quase líquida, diz-que muito alimentar. Nas marchas forçadas os canoeiros, seringueiros vazadores de sertão, com um chibé passam facilmente o dia.

11 DE JULHO

Coisa desagradável... Esta noite, mais um pesadelo mas de outro gênero. Apenas isto; de repente, abrem uma porta no meu sonho, aparece parte da figura de Manuel Bandeira e diz: "Telegrafe imediatamente pra sua família". Fecha a porta e desaparece, me deixando acordado numa angústia-mãe. Não pude mais dormir e não vejo hora de chegar a Porto Velho pra telegrafar. Aliás já me conheço com estes pressentimentos, não estará acontecendo nada em casa, todos bem. Mas é impossível evitar a sensação de que está sucedendo alguma coisa de mal, doença grave, morte, algum desastre terrível. Vivo cheio de pressentimentos, mas pressentimentos violentíssimos, físicos, fulano morreu, vai suceder isto etc. Nunca se realizam. Dizem que devo dar graças, mas a verdade é que irrita. E agora, eu neste desespero pra chegar em Porto Velho e telegrafar.

Saio da cabina e na antemanhã indecisa o navio se apresta pra tentar esta passagem assombrada do Tamanduá, que é das mais terríveis. Vou para a tolda e o Jucá me chama ao comando. Batem seis horas. O sol se levantou nas horas do costume, tudo está pronto. "Vamos?..." O capitão apenas faz sinal que sim. E o *Vitória* bate as palhetas no perigo e principia se movendo. A manhã, decerto com inveja dos elogios que fizemos à tarde de ontem, está de um mau gosto exemplar, misturando cores sem piedade. Mas nem posso ver, observando as manobras. O *Vitória* avança manso, apalpando as águas traiçoeiras. "Duas braças!", assustava o praticante a bombordo, alteando a voz. "Duas e meio folgada!", consolava o sondeiro de boreste. Então o comandante dava presto uma guinada no leme e o navio refugava o desastre iminente. A outra margem, inda não pacificada, amontoava pedra em que a água encachoeirava babujando de cólera, querendo pegar o navio. "Duas escassas", se lastimava o sondeiro de bombordo, e o *Vitória*, gingando forte quase entestava com a praia esquerda, boa pra encalhar, tabuleiro célebre de tartarugas, onde anos atrás se viravam de oito pra dez mil destes petiscos de Júpiter. Mas as boas das gaivotas logo perceberam a maluquice e abriram numa gritaria danada "Tem praia!", "Tem praia!", nos avisando. "Duas escassas!", pedia socorro o sondeiro de boreste, "Duas escassas!", ameaçava o de bombordo, e o *Vitória* não sabia mais pra que lado virar, e nós trinta minutos nessa angústia, o vaticano ia encalhar! Mas afinal as falsas praias movediças se fatigaram de andar assim boiando e desceram pra dormir no fundo d'água. "Quatro braças!", cantou o clarim de estibordo. "O navio está safo", comentou o imediato helenista. E de fato, o *Vitória* conseguira se safar do perigo e nadava gozado por esse mundo de águas.

Pelas oito horas chegou-se a Porto Velho, com Santo Antônio do Mato Grosso, na mesma margem, no outro estado do Brasil, a meia hora do olhar. Recepção oficial. Uma escola pública, com a professora num estado maravilhoso de elegância gorduchinha, coisa linda! Acompanhando dona Olívia. Apresentações em penca. Visitas. Mercado sem caráter. Jornal. Almoço a bordo. Enfim posso sair mais livremente. Telegrafo. Fotografias.

"Dr. Mário de Andrade, secretário da Rainha do Café."

Desta vez arrebentei, porque arrebentei!

"Mas... eu não sou secretário de dona Olívia..."

"Mas!... o senhor não veio na companhia dela, então!"

"Sim... somos muito amigos, viemos..."

"Então o senhor está fazendo a viagem por sua conta!!!"

Nem era possível zangar com o homem, tal o pasmo dele, vendo alguém que não era uma rainha enfarada e decerto meia maluca, andar passeando por aquelas paragens. Então expliquei com muita paciência pra ele, espécie de explicação coletiva embora tardia, dada a centenas de pessoas que já tinham privado comigo nesta viagem, expliquei que não, que éramos um grupo de amigos paulistas, curiosos de conhecer outros brasis, viajando cada qual por conta própria, pela vaidade ou ventura de conhecer coisas.

Tarde, automóvel de linha, até Santo Antônio do Mato Grosso. Delicioso passeio em terra firme, marco de "limites estaduais"! contradizendo o meu improviso de Belém e alhures... E caminhadas pra aqui pra acolá, eu calmo, já telegrafara, o importante era telegrafar, gozando. Um delicioso passeio em suor de que chegamos bons, em pó. O calor é maior que o de Manaus. Mas me falaram aqui que em Guajará é muito pior. Embora reconheçam que hoje está um calor "excepcional", é sempre esta mesma coisa!...

Me esqueci de contar: hoje, na recepção, quando o navio ainda estava atracando, eis que de repente escutei um apito de trem, que saudade! meu coração ficou pequenininho. Também faz mais de dois meses que não escuto esse tenor sublime...

Sintaxe

Quando íamos em busca do marco de limites, perguntei ao descalcinho que ia a meu lado, cansado de me olhar:

"É longe?"

"É não."

"Você mora aqui?"
"Moro não."
"Então nasceu no estado do Amazonas?"
"Nasci não."
Me deu uma canseira!

12 DE JULHO

Desde seis horas, mastigando estirões poentos numa conta, em plena ex-região da morte, cada dormente um corpo de homem tombado, esta Madeira-Mamoré... Vamos a Guajará-Mirim, São Carlos, Santo Antônio, Jaci-Paraná, Abunã. Almoço. Casitas caboclas bonitas, com uma invenção arquitetônica adorável. E nos estirões, quando os rodamoinhos nascem no vazio deixado pelo trem que passou, refluem bandos de borboletas agitadas. Provo refresco de vinagreira, vista dias antes num porto de lenha. Azedinho sem graça, de criança mijada. Provei graviola, ah, isso sim, gostei muitíssimo, gosto meio selvagem mas dado, leal, simpático, como o índio Pacanova que vem rindo, rindo muito, pega o chapéu de palha por detrás e tira da cabeça erguendo muito o braço, enquanto oferece a outra mão pra gente num bom-dia de dedos inteiramente abertos. Esta é a primeira calça comprida de Pacanova, que está radiante, o homem maior do mundo.

"Agora que você virou gente, o que você vai ser, Pacanova?"

E ele, mas rindo que não acaba, diz que vai ser telegrafista, e quando perguntamos por que, diz que "pra casar com brasileira". E esclarece depois que não quer casar com índia como ele não, basta ele, Pacanova cem por cento. Quer é brasileira, as nossas mestiças, decerto com alguma áfrica no sangue. O alemão do *Vitória* que aderiu a esta viagem e estou com raiva dele, vai, fala que índio é "mais brasileiro que as caboclas". Respondi brabo que brasileiro era Líbero Badaró, vovô Taunay pintor, dão João VI, Matarazzo, mais que eu! Trem, misturado com calor e alemão bobo, não se atura.

Às dezoito paramos na Vila Martinho e damos um pulo na Bolívia, no posto aduaneiro, Vila Bela, que bela! Flores, muitas flores plantadas, ar de gostar da vida, galinhas, legumes... Voltemos ao Brasil. O trem lá vai sacolejando. E sou mesmo eu que me sacolejo monótono nesta que é das mais terríveis estradas de ferro do mundo... Não... não se pode dizer que seja bonito não... Chãos péssimos de cerrado, matos fracos, alagadiços, pauis ainda negros, beiradeando o rio encachoeirado e apenas. Ninguém topa no caminho com Atenas nem com Buenos Aires. Ninguém terá pra ver, depois de se lavar no hotel, alguma catedral de Burgos... Mas estes trilhos foram plantados sem reis do Egito e sem escravos... Sem escravos?... Pelo menos sem escravos matados a relho... Milhares de chins, de portugueses, bolivianos, barbadianos, italianos, árabes, gregos, vindos a troco de libra. Tudo quanto era nariz e pele diferente andou por aqui deitando com uma febrinha na boca da noite pra amanhecer no nunca mais. O que eu vim fazer aqui!... Hoje o poeta viaja com suas amigas, na Madeira-Mamoré, num limpadinho carro da inspeção, bem sentado em poltronas de cipó-titica, com perdão da palavra, estritamente feitas pelo alamão de Manaus. Vem um garçom fardado lhe trazer um guaraná Simões, de Belém, geladinho, com o gelo mais lindo do mundo, que é o de Porto Velho. Hoje o poeta come peru assado feito por um mestre *cook* de *primo cartello*, que subiu no *Vitória*, destinado pela Amazon River pra adoçar nossa vida. Às vezes se para, as paisagens serão codaquizadas, até cinema se traz! Pra pegar em nossos orgulhos futuros a palhoça exótica, trançadinha com cuidado e fantasia. E já no início da noite lunar, o poeta manda o trem ficar esperando por ele, embarca no motor, dez minutos de rio cortado, e nasce na Bolívia, pátria dele. E cheiro as flores frescas desta terra abençoada, e escuto os meus patrícios falando em surdina uma língua macia, sem nada das pabulagens peruanas. O que eu vim fazer aqui!... Qual a razão de todos esses mortos internacionais que renascem na bulha da locomotiva e vêm com seus olhinhos de luz fraca me espiar pelas janelinhas do vagão?... É Guajará-Mirim, pouco mais de vinte e uma horas. Recepção. Cansaço. Não há acomodação pra todos. Alimento uma mentalidade de estouro. Falo pouco, fazendo força pra me tornar antipático, recuso coisas. Recuso dormida em casa particular, dormirei no vagão! Não tenho água pra banho. Banho de cachaça. E durmo no vagão, heroicamente, sem medo das maleitas nem dos mortos, com um gosto raivoso de fraternidade nas mãos.

13 DE JULHO

Enfim vêm me buscar! Banho excelente na casa dos engenheiros da Madeira-Mamoré. Passeio matinal, em que o bem-disposto do corpo tira fotografias sem reparar. Depois, vamos a Puerto Sucre, do outro lado do rio, na margem e cidadinha boliviana. É dez vezes menor que Guajará, mas é um mimo. Não tem casa sem seu jardinzinho, muita flor, muito legume, vi repolhos destamanho! Já Bates[*] maldava dos amazonenses pela falta de cuidado em rodear a casa de conforto vegetal. Parece que

---

[*] Referência à obra *O naturalista no rio Amazonas*, de Henry Walter Bates (1825-92).

a presença do mato bravo lhes basta... Aqui na Bolívia, não. O chefe da alfândega é contrabandista. Dona Olívia e o francês (veio pra isso) compram peles caras e lindas. Caras lá na civilização, aqui são baratíssimas. O próprio homem da alfândega é que as vende e, naturalmente, deixa passar. O passeio é delicioso e só chegamos em Guajará quase quatorze horas, almoçar. O passeio da tarde aos Pacaás Novos gorou. Visitamos de-novo a cidade feia, muito feia. O amontoado de casas cor de terra, de barro cozido, nada de árvores, e várias coisas pretensiosas. O importante foi elevar Guajará-Mirim a cidade pra "poder elevar os impostos" e facilitar uns categorias, vivendo em Cuiabá. Aqui se usa "categoria" no masculino, e, milhor ainda, "catega" pra indicar indivíduo importantão. Como anteontem o marinheiro contando vantagem com um carregador de terra: "Mme. (sic) Penteado é tão rica que o maior catega daqui nem dá pra lhe engraxá os sapatos!...". A cidade está insípida. Janta. Mulher do povo e de chapéu, já sabe, é barbadiana. Porém a minha de Belém, essa guardou tudo o que é graça, tudo o que é boniteza há quinze dias daqui. Dona Olívia com as moças vão no baile. Me recuso com tanta energia, que dona Olívia me olha como surpreendida. Depois sorri. Depois ri francamente em cima de mim.

"Mário, você não esqueça de adquirir sua liberdade quando quiser..."

Desaponto:

"Eu sei, dona Olívia... mas não é isso não!"

Ela sorri um "está bom" meio irônico e se transforma numa garça-real.

Bom, mas desta vez, francamente já era demais! Resolvo gastar o tempo da noitinha no cinema, e levavam *Não percas tempo*, com William Fairbanks!

Felizmente a cama, na casa dos engenheiros, é de ótima suavidade e consigo dormir sem muito esforço.

Anúncio

Na latrina da Guaporé Rubber Co.

ATENÇÃO

Os cinco mandamentos que recomendam a higiene e dão a prova eficiente da educação moral dos frequentadores desta sentina são:
1 — Não obrar nem urinar a tampa
2 — Não obrar de cócoras
3 — Puxar a válvula depois de servidos
4 — Botar os papéis servidos dentro da lata
5 — Demorar pouco tempo para não prejudicar os outros abalizados
Pede-se pois observarem os mandamentos acima.
(A lápis, logo a seguir:)
6 — Botar crioulina aos sábados na cintina!

14 DE JULHO

Partida de Guajará-Mirim, seis horas. Enfim, estamos definitivamente "voltando". Parada às onze pra visitar a cachoeira do Ribeirão. Passeio esplêndido sobre as pedras. Fotos. Almoço no trem. Um bem-estar geral que se resolve em cantoria. Canto que não paro mais. Paradinhas. Encontramos o trem "horário", como também aqui se diz. E desce um luar sublime sobre a terra.

Tudo em volta do trem é de uma luminosidade encantada, cheia de respeito e de mistério. E eu canto, canto tudo o que sei, desamparado. Canto ao luar, desabaladamente em puro êxtase descontrolado, com a melhor voz que jamais fiz na minha vida, voz sem trato, mas com aquela natureza mesmo, boa, quente, cheia, selvagem mas sem segunda intenção, generosa. O que eu sinto dentro de mim! Nem eu sei! Não poderia saber, nem que pudesse me analisar, estou estourando de luar, tenho este luar como nunca vi, me... em mim, nos olhos, na boca, no sexo, nas mãos indiscretas. Indiscretas de luar, nada mais. Sou luar! E de repente me agacho, fico quietinho, pequenino, vibrando, imenso, fulgurando por dentro, sem pensar, sem poder pensar, só.

Chegada a Porto Velho, meia-noite. Sono de pedra.

15 DE JULHO

Recebo telegrama de casa: "Todos bons. Abraços. Carlos". Em Guajará me pareceu mesmo que fazia mais calor lá que aqui, mas é de-manhã e já estou querendo me contradizer, que calor! Anoto, de bordo, escritos de marujos nos gaiolas e principalmente no casco do antigo *Aripuanã*, que agora serve de cais flutuante.

> *O Rio-Mar*
> *É a flor desta zona*
> *É respeitado o seu talha-mar*
> *No Pará e Amazonas*

Outro: "*Cuiabá*, xodó do porto".

Vai, um tripulante do *Madeira-Mamoré*, orgulhoso de seu navio, escreveu sem rivalidade:

> *O homem de boa-fé*
> *Nunca fala despeitado:*
> *O* Madeira-Mamoré
> *É o barco respeitado.*

Ora um marujo do *Curuçá*, valente, responde com arrogância:

> *O homem de boa-fé*
> *Sempre tem palavra má:*
> *O* Madeira-Mamoré
> *É café pro (sic!)* Curuçá.

Delícia, a gente observar esse "café" empregado por gente do norte, onde dizemos "é sopa", "é canja". (Naquele tempo ainda não aparecera, aqui no sul, a expressão "café-pequeno", no mesmo sentido. Pelo menos eu não tinha conhecimento dela.) Mas outro valente do *Madeira-Mamoré* revidou de tal forma que não teve mais resposta:

> *O* Madeira-Mamoré
> *É o pai do Curuçá,*
> *É pesado, de conforça*
> *Como o cabo Corumbá.*

Cabo Corumbá diz-que foi uma espécie de revolucionário em ponto pequeno, que andou fazendo estrepolias pelo sertão. Curioso, é nas três primeiras quadrinhas copiadas, a rima dupla, erudita. Visitas obrigatórias... Hospital da Candelária.

Recepção festiva do Externato Tobias Barreto junto com o Grupo Escolar Barão do Solimões, discursos, recitativos. Ganho estupenda pele de onça, da casa J.G. Araújo. Partimos pouco antes do meio-dia. Vida de bordo. Paradinhas pegando borracha, paradinhas. Agora é que estou achando graça em mim... Não sei... aqueles vinte minutos de automóvel de linha, certas visagens de campo, Santo Antônio, Mato Grosso, um cheiro antigo de capim-gordura, o sol se amansou com a tardinha... E ouço um passarinho de minha terra, o sem-fim. Criei passado outra vez, botei a cara na estrada e lá fui num passo inclinado, comedor de légua. O menino corria, francamente corria pra me poder acompanhar. Mas o pobre do capitão Garcia, afobado, inventava:

"Olhe, dr. Mário! Este pontilhão! O trem passa por baixo!"

Como si eu nunca tivesse visto pontilhão com trem passando por baixo! Toca a andar! Afinal ele não pôde, conseguiu correndinho chegar até mim, me segurou firme no braço. Parei. Então ele me olhando com muita seriedade:

"Pra lá não tem mais nada, dr. Mário!"

Voltamos pra junto de todos. Como eu poderia explicar a ele uma repentina reaquisição de passado por vagas semelhanças de mato e um gemer de sem-fim! Caminhadas rápidas pelos trilhos das fazendas, esportes vadios, num sol sempre manso... Batia um cheiro franco de capim-gordura e de quando em quando um gemer de sem-fim...

"Pra lá não tem mais nada!"

Olhei fixamente o "lá" do paraense, sombras confusas de mato à tardinha. Não tinha mais nada... lá. O cheiro desaparecera. Sem-fim calara o seu gemer. Mas foi engraçado. Isso da gente, sem querer, sem pensar, assim de supetão, principiar andando rápido pra frente, sem nem saber onde vai... Parece maluquice.

16 DE JULHO

Amanhecemos num porto de lenha, vida de bordo, paradinhas. Descemos em Coimbra, passeio longo. Balança, o Klein e eu. Ao entardecer Humaitá simpática, ainda sem luz. Fomos à casa da família do fundador, na frente a rua de grandes árvores, assistir ao boi-bumbá. Este, suas notas, estão nos meus papéis referentes ao bumba meu boi. Noitada estupenda, ao luar e à luz dos lampiões. Partimos pela meia-noite.

Os índios Dó-Mi-Sol

É curioso que só tinham concepção de deuses do mal. Um deus bom, não possuíam. A mitologia deles era francamente uma demonologia perversa como o diabo. Aliás, nesse povo tão cheio de bom senso, o conceito do Bem era tão diluído ou indiferente que a bem dizer não existia. Tinham várias frases, com modificações musicais sutis pra designar qualquer noção maléfica, mas pra designar a noção benéfica contrária, quando a possuíam, apenas uma frase única, genérica e geral. Assim, por exemplo, contei até quarenta maneiras diferentes de dizer "tenho fome", porém não tinham nenhuma expressão para indicar o "estou satisfeito" ou "já não tenho fome". Ora, esta era justamente uma das causas da grandeza dos índios Dó-Mi-Sol, pois tinham feito da vida um mal a conquistar, um demônio a abrandar. Eram, no fundo, mas no fundo apenas ideal, uns incontentados. E disso lhes vinha ao mesmo tempo que uma atividade enormemente progressista, um conformismo a toda prova.

Pra se perceber quanto era sensível esta noção pessimista da existência, basta lembrar a palavra que principiada num determinado som mais grave, por meio do embalanço de um *grupetto* atingia a quinta superior. Notei logo nas primeiras horas que essa música era repetidíssima e quando lhes perguntei o sentido me responderam que significava "inimigo". Fiquei muito sarapantado, pois então pude realizar que era a música com que todos se tratavam mutuamente, e pus minhas dúvidas ao intérprete. Este, coitado, não era muito sabido e principiou insistindo forte que o tal fraseio significava "inimigo" sim. Mas o filósofo, que estava ao lado, escutando com paciência, principiou chilreando mansinho e o intérprete escutou, escutou e me esclareceu o caso. É que na língua dos Dó-Mi-Sol a intensidade da emissão, os fortes, os pianos, os crescendos e decrescendos não só davam variantes de significado às expressões, como as podiam modificar profundamente. Não fundamentalmente porém. E este era o caso da palavra em discussão. Os Dó-Mi-Sol não tinham nenhuma palavra pra indicar o amigo, o companheiro, o chefe, o proprietário, o escravo, nada disso. Só tinham mesmo uma palavra pra designar a inter-relação entre os seres humanos do mesmo sexo e não da mesma família, e essa palavra era aquela, "inimigo". Mas si pronunciada em fortíssimo, por exemplo, sem deixar de significar fundamentalmente inimigo, a palavra tomava as nuanças de conceituação do "chefe", ao passo que, em pianíssimo, significava "amigo", sem por isso perder a noção preliminar de "inimigo". A mim, logo de início, desque botei atenção naquela semântica ativa, notei que todos me tratavam num *mezzoforte* que ia em decrescendo, o que significava mais ou menos "inimigo curioso, desprezível por ser de raça inferior". Mas no fim das nossas relações já quase todos, com exceção de uns quatro ou cinco, me tratavam em pianíssimo com tendência crescente, o que não deixou de me sensibilizar.

17 DE JULHO

Vida de bordo. Amanhecemos em Três Casas, mas não desci, por ter saído da cabina depois da partida do bote. Em Pariri encontramos o gaiola da Amazon River, *Índio do Brasil*, vindo de Belém. Estou meio amolado... Paradinhas sem descer. Com mil bombas! De repente pus reparo que nesta história de viagem com mulher, afinal as coisas mais úteis que eu poderia ver, não vejo, nesta pajeação sem conta... Por exemplo, ainda não visitei, de fato, um seringal! Vou reclamar do capitão Jucá, que imagina um bocado e me promete pro dia seguinte uma visita longa num seringal de interesse. Inda que bem. Pelas dezessete a boca do Uruapiara sem descer. Outro caso concludente de maleita nirvanizante. Lá vinha bem de dentro do igarapé uma lancha grande, manejada por dois tapuios, completamente carregadinha de peles de borracha. Na proa, de-pé, olhando o *Vitória*, vem um rapaz, que idade? Não é possível saber, a pele lisa, bem barbeada, boca fina, um risco apenas, olhos fundos, cinzentas olheiras profundas, onde se dispersa um olhar embaçado que não vê coisa nenhuma, levemente mais claro que as olheiras. O cabelo encardido liso cai finíssimo. Sapatos brancos sem meia. Uma roupa limpíssima, passadíssima, s 120,* sobre a pele, apenas calça e paletó. Está claro que

---

* s 120 era um tipo de linho importado, o auge da elegância tropical na época. Em *Dona Flor e seus dois maridos* (1930), de Jorge Amado, um personagem pede um traje em linho "inglês, s 120, casca de ovo. Do melhor que houver na praça". As roupas que Mário encomendou em Belém também foram feitas em s 120.

todos na amurada, olhando a lancha, comentando o caso, um rapaz novo assim nos cafundós dum seringal vivendo. É simpático. O imediato nos explica que é muito rico, os pais morreram, de maleita, não sei, e ele vive sozinho no seringal. "Casado?" "Solteiro." As moças fazem barulho, se desejando desejadas, as perversas. O rapaz nem olha. Pula a bordo, passa por nós sem olhar, vai no camarote do comandante tratar das suas faturas. Quando desce, passa pelo outro lado do navio, evitando a nossa vista. Embarca na lancha, e fica sempre de pé na proa. E a lancha vai, nos dando as costas para todo o sempre. Sem um olhar! Não se trata de um problema de feli- ou infelicidade... Nem chego a imaginar direito de que problema se trata, mas o fato existe, é verdadeiro, eu vi. Possivelmente se tratará de uma substituição de problemas, uma diluição de problemas dentro da indiferença. Ou dentro da paciência. Ou dentro da monotonia, que tem mais objetividade. São quase sete horas e nos comovemos na passagem diz-que dificílima de Marmelos. A imagem do moço me persegue. Ter uma maleita assim, que me deixasse indiferente...

Anedotinha

Não conto o lugar. Estávamos chegando numa cidadinha. Dona Olívia a meu lado, encostados na amurada, entre outras pessoas, vendo a cidade chegar. Nisto dona Olívia dá um suspiro de se ouvir.

"Que é isso, Rainha! Suspirando?"

"Ah. Mário...", com ar de enfado, "essa história de todos os prefeitos se verem na obrigação de acompanhar a gente, levar na prefeitura, no grupo..."

Pois essa cidade visitamos sem prefeito, livres, mandando em nosso passeio. É que o prefeito era exatamente aquele homem que na chegada estava ao lado de dona Olívia, no navio, mostrando que ali era a igreja, acolá a prefeitura etc.

18 DE JULHO

Pelas oito horas chegamos de novo a Vencedor, e o comandante Jucá mandou me dizer que, si estava decidido mesmo, podia penetrar no seringal, que ele ia mesmo tomar lenha e nos esperaria quanto quiséssemos. Dona Olívia refugou a excursão que pretendia ser longa. Fomos as duas meninas, o Klein e eu, tendo como guia o mateiro Eduardo. Vamos seguindo o caminho de um seringueiro, ziguezagueando pelo mato, de uma seringueira pra outra. Torneamos também castanheiras gigantescas, enfim, verdadeira floresta "civilizada" amazônica. O trilho do seringueiro está desimpedido do cipoal e da serrapilheira intransponíveis pra nós. Acabamos nos encontrando com o homem cuja viagem diária estávamos seguindo. O observamos na sua faina, fazendo os lapos na árvore, botando as tigelinhas, partindo em busca da seringueira de em seguida. Feito o caminho todo, ele voltará no mesmo zigue-zague, recolhendo as tigelinhas cheias. Mais de hora de marcha, e topamos com um laguinho fundo. Ninguém não pode imaginar a sensação de paz, de silêncio quase absurdo que se tem nestes lagos pequenos cercados de árvores colossais. Aqui, ainda a sensação é mais intensa que a das proximidades de Manaus. E aqui não há vitórias-régias, não há nada que traga qualquer disfarce de alegria a esta paz invulnerável. Até as moças baixaram a voz. A água, refletindo o verde negro destas árvores enormes, é de uma profundeza infiel, como si estivesse apodrecendo aos poucos. E o silêncio não deixa de ser um bocado doentio, embora sem tristeza. No meio disso, uma nota mais amarga que engraçada. Uma casinhola de palha numa nesga de praia íngreme, afundando no laguinho. Junto da casa, se arrastando em seus afazeres, uma mulher de seus cinquenta anos, no mínimo. É paralítica e se chama Bernardina. Quando as moças lhe perguntam a idade, conta que tem apenas vinte e nove.

"A senhora vive sozinha!"

"Naãum..."

"A senhora é casada?"

"Sou sim...", e num ar pachorrento, "quer dizer, amigada."

As frases caem mortas n'água. Se afundam. Resolvemos voltar, mas a caminhada custa a se alegrar; só um quarto de hora depois estamos felizes outra vez, rindo, conversando alto. Passeio somando tudo, dos mais admiráveis da viagem, durado quase três horas.

Pelas quatorze horas paradinha no barracão São José. Pertence ao mesmo proprietário de Vencedor, o Carlos Lindoso, que me oferece uma pele de tamanduá-mambira, ou nembira, também chamado tamanduá-colete. Este é o pedaço mais bonito de floresta amazônica que vimos. Descemos. Conversinha sobre possibilidades da gente, sem mateiro, se perder no matagal. Balança, Klein e eu, embora acompanhados de um tapuio, resolvemos experimentar. Tomamos todas as disposições intelectuais de referência e entramos no mato. Nenhuma originalidade nos escapa, troncos caídos, uma parasita, isto, aquilo. Nem bem andamos uns dez minutos e decidimos voltar, a confusão se estabelece. Quedê tronco? flor? pra que lado está o rio? Só com a ajuda do sol nos endireitamos para a margem do rio, chegamos ao rio. Onde que está o *Vitória*? rio acima?

rio abaixo?... Obrigado, tapuio. Vida de bordo, paradinhas. Tarde sublime. Noite fresca.

Os índios Dó-Mi-Sol

Lenda do Aparecimento do homem. Então os índios me levaram ver a tal de embaúba colosso. Era realmente um prodígio. No meio da serrapilheira densa bem mais alta que a altura de um homem, os troncos colossais daquela floresta verdadeiramente virgem se lançavam pro alto com fúria, troncos que sete pessoas de mãos dadas mal conseguiam cercar pela metade. Pois tudo isso era minúsculo, a serrapilheira era grama, os troncos eram roseiras, ao lado da embaúba gigante. Medi a altura dela. Tem pra mais de setecentos metros. E então os índios me contaram que foi na copa imensa dessa embaúba que se deu a famosa briga entre guaribas e preguiças, ninguém nunca soube por quê. O caso é que um dia o pessoal se engalfinhou lá em cima num chinfrim fabuloso, e teve tantas mortes como as folhas da embaúba. Era um chão novo que tomava léguas, montes e montões de cadáveres se abraçando na paz forçada da morte. Me causou estranheza ter havido uma guerra, coisa de tanta atividade, em que os preguiças entrassem, mas os Dó-Mi-Sol se riram. A verdade é que corre muito exagero a respeito da preguiça dos preguiças, é calúnia. Existem até preguiças apressadíssimos. O que dá-se realmente entre esses animais sagrados é um conhecimento muito mais íntimo da vida e da relatividade da afobação. Por isso que eles são tão vagarentos. Entre os exegetas dó-mi-solenses apenas uma dúvida pairava. Uns, a minoria, pertencentes à escola dos animalistas, julgavam que a lentidão dos preguiças derivava destes animais edificarem com o pensamento voltado para o futuro, só cuidando, menos de si, que dos filhos e da raça. Já os da escola, que em nossos conhecimentos científicos, diríamos, "totêmica", afirmavam que não era nada disso, nem os preguiças se preocupavam de qualquer futuro. Apenas tinham já adquirido aquele andar da sabedoria em que o pensamento reconhece que o que faz a felicidade não é o gozo dos prazeres do mundo, porém a consciência plena e integral do movimento. E de-fato creio que ninguém contestará que os preguiças se movem com bastante consciência. Cada gesto que fazem pode durar sete horas, como observei muitas vezes, mas é feito com uma intensidade profunda — um ato em verticalidade, como agora se diz. É enfim o que, no *sermo vulgaris*, diríamos um gesto "gozado". Adotei imediatamente a exegese da escola totêmica e fiquei com a maioria, o que me deu enorme prazer. E quando contei a eles que decerto os preguiças também já punham em prática uma doutrina dum grande filósofo da minha terra, Machado de Assis, que dizia que "também a dor tem suas volúpias", os índios principiaram com grandes gargalhadas lá do jeito deles, e soltavam fermatas agudíssimas que queriam dizer "É isso mesmo!", "É isso mesmo!".

E é por basear toda a vida no princípio essencial da consciência do movimento que os preguiças são tão felizes, vivem sempre muito bem-dispostos e, na tal guerra com os guaribas, receberam a palma da vitória. Então dividiram o mundo. Obrigaram os guaribas a ficar em terra, ao passo que eles, preguiças, ficavam nos ramos da embaúba. Os índios Dó-Mi-Sol se dizem descendentes dos preguiças; ao passo que os guaribas, obrigados a andar em terra, foram se transformando nos outros índios e em mim. E quando perguntei como é que eles tinham descendido dos preguiças, que não estavam obrigados a andar em terra, os Dó-Mi-Sol ficaram muito admirados da minha pergunta e responderam que não sabiam.

19 DE JULHO

Madrugamos em Borba, cujo perfil, no alto do barranco, pude ver em sonho. Depois Caiçara do Madeira. Última tarde neste rio, quente, mas lindíssima. E um milagre: brisou forte, me enchendo de volúpias desejadas, um cheiro de mato em flor, cheiro selvagem, quente, uma delícia. E a noite cai. Tenho, nesta viagem pelo Madeira, tomado muito o costume de, após a janta, descer na terceira, conversar.

"Não sei que fim levou... Uma vez encontrei ele no Pará, de gravata, todo formalizado."

"Mas você... prefere o Espírito Santo ou o Acre?..."

"Nem num sei!..." Sorri manso. Por que foi pro Acre? eu sabia, coisa de brincadeira com o irmão. Não dava mesmo pra estudar, então o irmão, já no segundo ano do ginásio, falou que ele só dava pra seringueiro no Acre. Só de pique, ele falou que era mesmo ("eu num sabia...") e fugiu de casa pra ir ser seringueiro no Acre. Teve de andar escondido por causa do retratinho nos jornais, até arrancou aquele dente da frente pra disfarçar mais, foi pra Minas e de lá pra Bahia, servindo de tudo. Levou cinco anos nisso, mas que pensar em voltar pra casa! quando viu tinha vinte e um anos, não tinha papéis, não tinha nada. Mas a vontade era embarcar, pra chegar no Acre. Afinal conseguiu embarcar, trabalhando. Em Fortaleza conheceu um moço que ia embarcar pro Amazonas, ficou com vontade outra vez. Estava empregado, mas largou do emprego, quando viu, não tinha papéis. Afinal conseguiu arranjar papéis falsos com um padre-bom, porque não queria envergonhar os pais lá do Espírito Santo. Até (e puxava uma carteira que já nem era carteira mais, de velha) até guardava uma carta que recebeu do padre, quando estava em Manaus. Então se empregou pra trabalhar num seringal do Acre, e quando chegou lá e pisou no firme, "tive um orgulho, sim, sinhô". Pais, não tinha: quem havia de querer ser pai dele agora! estava com trinta e cinco, sim, sinhô. O Espírito Santo, nem se lembrava direito. O Acre, é aquilo que o senhor já sabe... E no silêncio entre nós dois, escutei a voz de Trombeta, linda, cantando lá em cima, no tombadilho.

20 DE JULHO

Manaus pelas dez horas, num calor famoso. Não: aqui é mais quente que Porto Velho. Mas temos que esperar até treze horas, permissão para desembarcar. Afinal rua, fazendo compras. Visita ao presidente no seu Rio Negro. De lá partimos, em automóveis de pó, trinta quilômetros, inaugurar a parada Olívia Penteado, na estrada de rodagem que irá ter ao Rio Branco. Tapuias de encarnado, a cor nacional das mulheres rurais. De repente me dá um beijo bem na boca um cheiro paulista de capim-gordura. Os tucanos nos vaiam com gargalhadas de dois quilômetros. Janta com presidente e prefeito, no milhor restaurante. Muito bom. Estes filés de tartaruga vão me deixar saudades. Visita ao teatro, mistura agressiva de riqueza falsa e desleixos de acabamento. Bonita mobília no camarote presidencial. Noitada com Raimundo Morais e Da Costa e Silva. Saiu o livrinho de caçoada contra meu "futurismo", que me entregam. Brincadeira mansa, com a sombra de maldade afastada pela humildade de ser gentil. Não tem graça. Durmo, em dia comigo mesmo.

21 DE JULHO

Levanto cedinho, comprar peles de onça. Às dez horas, visita à Prefeitura, e em seguida ao Campo de Demonstração, ver o corte "racional" da borracha, com a fabulosa faca Amazonas. Bonito, as folhinhas novas das seringueiras! são prateadas. Almoço no palácio Rio Negro. Francamente esta hospitalidade baré está delicadíssima, generosíssima, agradabilíssima. Depois delicioso passeio e respectivo lanche, no bosque da cachoeira de Tarumã. O Chevalier foi. E o mineirinho inteligente, como é mesmo o nome dele!... Enfim, a bordo. Visitas, visitas, visitas de despedidas. Partimos às vinte horas. Bom: agora sim, estamos de-fato de volta pra São Paulo. Qualquer passo viajante que fizermos a mais, nos aproximará de São Paulo. Digo isto, aliás, sem prazer. É certo que não sou de psicologia tipo turista, isso já não tenho mais dúvida, mas também só umas três vezes terei sentido alguma saudade de São Paulo e dos meus. Nunca soube sentir saudades, será uma falha minha... Noite péssima, não consigo dormir, agitado, angustiado.

Índios Dó-Mi-Sol

É curioso constatar como, mesmo entre concepções tão diferentes de existência que nem as da gente e desses índios Dó-Mi-Sol, certas formas coincidem. É assim que também esses índios usam se enfeitar com flores e cultivam grandes jardins trabalhados por jardineiros sapientíssimos. As cunhãs, que sempre foram muito mais sexuais que os homens, se enfeitavam, atraindo a atenção dos machos para as partes mais escandalosas delas, que como já sabemos, são cara e cabeça. E assim, enfeitavam o pescoço com mururés e vitórias-régias. Tempo houve mesmo que lançaram a moda de enfeitar diretamente a cabeça, a-pesar desta continuar coberta. Mas foi tal o escândalo, os próprios homens se sentiram repugnados com tamanha sem-vergonhice. E a moda se acabou, não, aliás, sem terem sido devoradas na praça pública umas quatro ou cinco senhoras mais audazes que, de cabeças floridas, tinham resolvido enfrentar a opinião pública. As outras se acomodaram logo, se reservando o direito de enfeitar o pescoço. Já os rapazes, porém, se floriam sem a menor sexualidade. Preferiam uma espécie de lírio sarapintado de roxo e amarelo que dava na beira dos brejos, e tinha uma haste muito fina e comprida. Cortavam a flor com haste e tudo e a enfiavam no... no assento — o que lhes dava um certo ar meditabundo.

22 DE JULHO

Itacoatiara pela manhãzinha. Dona Olívia não quer ser acordada e nem penso nas meninas. Desço só com o prefeito amável e o jornalista do Pará. Passeio de carro! Presente de castanhas. Pelas quinze horas Silves, com as curiosas ruínas da igreja, onde moram todos os cachorros do mundo. Moças bonitas nas janelas. Se ergue uma ventania e o navio principia jogando. Chuvinha. À noitinha Urucará. O navio joga. Jogo gamão com dona Olívia. Esses alemães são uns ingênuos. As meninas, sobretudo Trombeta, estão tomando grandes liberdades com o alemão Klein. Trombeta já se deitou. Nisso Balança se dirige para a cabina, conversando com o Klein. Ela entra na cabina e deixa a porta aberta. O Klein senta ali perto e fica conversando com as duas. Isto tudo pela porta da cabina que dá pro salão interno. Dona Olívia ali, jogando comigo. Principia se mexendo na cadeira incomodada. Joga uns olhares que não disfarçam mais a irritação, ao Klein. Ele nem sonha. Eu, só na gozadura. Afinal dona Olívia não aguenta mais, se levanta. Vai até a cabina das moças, pede um vidro de não sei o quê e, ostensivamente, fecha a porta da cabina, olhando bem o Klein. Mas o marmanjão não malicia nada. O gramofoninho está ali mesmo na mesa. Klein põe a máquina em movimento. Aparece a carinha de Trombeta, só a carinha, lá no alto da parede da cabina, parte que é só telada. Evidente que ela trepou na cama, pra chegar com o rosto àquela altura. E o Klein conversa com ela. Dona Olívia erra gamão que é um despropósito: dois mais dois são trinta e cinco. Mas neste momento o Klein se aproxima da cabina das moças e bate na porta, chamando por Balança. Dona Olívia não pode mais: levanta, para o gramofone com aspereza e toda trêmula de raiva, grita pro alemão: "*Elles n'ont plus besoin de musique, Mr.! Elles sont allées se coucher!*".[*]

Trombeta desaparece. Balança nem pio. Estarão rindo lá dentro, juro. Eu não sei o que mexer, mexo o indicador da mão esquerda? O pobre do Klein está com os olhos esgazeados, completamente besta, com aquele francês que ele não compreende. Dona Olívia, de pé, junto ao gamão, arranjando pedras em qualquer lugar.

22 DE JULHO

Fazer uma digressão sobre a segurança "moral" e consequentemente fisiológica com que agem Musset, Klein, e já o suíço

---

[*] "Elas não precisam mais de música, meu senhor! Elas foram dormir!"

Schaeffer na ida a Iquitos. Se sente que eles têm uma tradição multimilenar por detrás que os leva a agir "sem dor" diante da irresolução moral das meninas e minha. Os próprios norte-americanos de Iquitos que segurança por terem uma "civilização" por detrás. Nós é esta irresolução, esta incapacidade, que uma "capacidade" adotada, uma religião que seja, não evita. Daí uma dor permanente, a infelicidade do acaso pela frente. Dizer que então me lembrei de uma amiga judia francesa comunista que me *crible de lettres*[*] sobre a infelicidade social dela, dos operários etc. Me lembrei de escrever pra ela uma carta amazônica, contando esta "dor" sul-americana do indivíduo. Sim eles têm a dor teórica, social, mas ninguém não imagina o que é esta dor miúda, de incapacidade realizadora do ser moral, que me deslumbra e abate. E dar o fim desta carta.[**]

23 DE JULHO

Parintins pela madrugada, vista em sonhos. Às cinco horas paramos pra pegar lenha em Desaperta. Embarcamos numa barca de remo e entramos pelo lago do Joseaçu, lindíssimo hibridismo, pra visitar a usina Vitória, de óleo de pau-rosa, fixativo de perfumes, propriedade de um francês, já se sabe, Ernest Hauradou. Maravilha de passeio. A manhã é tão clara que tiro

---

[*] "me enche de cartas"
[**] Esta entrada foi escrita depois de 1940 e, ao final, Mário indica que deve incluir o restante da carta endereçada a sua amiga Dina Dreyfus Lévi-Strauss, que veio ao Brasil com seu marido, Claude Lévi-Strauss.

excelentes fotografias nem são ainda seis horas! O francesinho da fábrica é uma delícia de linguística: "*Moi, je fus mordu par une jararaque, mas je ne me suis assusté, je n'ai rien fait. Bon, si j'avais un canivète, enton j'aurais coupé, mais je n'avais même pas un canivète!...*".

Nos oferece óleo de pau-rosa, aliás cheiro gostoso, um pouco enjoativo.

Vida de bordo outra vez. Estamos ajustados de embebedar o Klein, e uma hora antes do almoço o francês de bordo, por sinal que se chama Musset, convida o Klein, as moças e eu pra um uísque. Bebedeira famosa. Desacostumados de beber (tínhamos evitado o álcool a bordo) e muito gastos pelo calor, sei que com quatro doses fiquei arrasado, bebedíssimo. As moças, eu as tinha poupado. O Klein e o Musset também bastante chumbados, mas desaparecem. Eu, descontrolado, em vez de fugir do almoço que a sineta anunciava, não: me sento no meu lugar, em frente de dona Olívia e à esquerda do comandante. As meninas, inda por cima, ao lado de dona Olívia me faziam caretas, me observando. Eu, consciente de que estava muito bêbado, resolvo, como sempre acontece, provar a todos que não estou bêbado, e elogio o primeiro prato. Me dirijo muito sério ao comandante, nunca estive tão sério nem tão circunspecto em minha vida e faço perguntas sobre a tonelagem dos vaticanos da Amazon River. Dona Olívia me olha, um bocado inquieta, sem saber ao certo o que está sucedendo. Eu reconheço que estou falando sobre coisas que não a podem interessar e manifesto ao comandante e aos outros nortistas da mesa, nosso desejo ardente de que a Amazônia se erga rápido e possa de novo seguir o ritmo de progresso das outras unidades da Federação. Dona Olívia está estupefata. As meninas, furando os pratos com o nariz, não podem mais, si se mexerem, estouram. O capitão Jucá não entende. O médico quer disfarçar, fala não sei o quê que me leva a pegar no assunto e a propor a industrialização em grande das "sementes oleaginosas" porque a Alemanha... Então dona Olívia ri. Ri muito, compreendeu tudo, e as meninas estouram. O comandante Jucá sorri. Eu, que que hei de fazer! eu rio. E fico bêbado à vontade. Sono ilustre. As moças me acordam à noitinha, porque estamos chegando em Óbidos. Compro pele de cobra enorme. Tem prefeito. Paradinha na fazenda Imperial, perto, pra embarcar dois bois. E como estou perfeitamente de acordo comigo, durmo sono angelical.

24 DE JULHO

Pela noite, passamos Alenquer, vista em sonhos. Amanhecemos em Barreira do Tapará tomando lenha. Um rapazinho, tapuio esperto, carregando achas, brinca, ri mais que ninguém. Bulo com ele. Ele sorri, não responde. Traz mais achas. Bulo com ele. Sorri, não responde. Traz mais achas. Bulo com ele, não responde. Mas ao descer do navio pra ir buscar mais achas, se vira, me encara fito:

"Moço! quer me levar pra Belém!"

Há desejo e angústia no pedido. Agora sou eu que sorrio e não tenho o que responder. Desço de bordo. O trabalho já terminou. Me aproximo do rapaz, puxo conversa com ele. Imagino deixar uns níqueis pra consolo.

"Você já sabe ler?"
"Sei não!"
"E você queria aprender a ler?"

"Ih... mais que dinheiro!..."

Não tive coragem de dar os níqueis de consolo. Fui pra bordo com o coração cortado. Só depois que o vaticano partiu é que me lembrei que devia ter dado os níqueis. Pois si eram de consolo! Onze e bastante, Santarém no sol. Compra de cuias. Uma delas, Balança me oferece irônica. Traz o escrito: "Sonhei contigo em viagem". Com a música da "Oh Rose Marie, I love you", faz-se uma cantiga:

> *Sonhei contigo em viagem*
> *Entre os pirarucus,*
> *E os já-carés, e os já-camins e os já-cus,*
> *Cajás, maracajás e tracajás...*

Fotamos a maracajá mansinha. Vida de bordo. Pela tardinha, entrada emocionante pelo paraná de Monte Alegre e rio de Urubatuba. A passagem é tão estreita que os galhos das árvores se quebram contra o navio. Em Monte Alegre não tem prefeito. Mas tem a chuva e nhã Marta que aprende o meu nome e não para mais de o repetir cantando, parece os índios Dó-Mi-Sol, que já não estão me interessando muito não. Vou desistir de escrever o livro que imaginei. Compro chapéu de timbó-açu. Vogando.

25 DE JULHO

Outra coisa não sucedesse ontem, tinha ganho bem o dia com a reflexão de um caboclo atapuiado, com sua idade, mas rico e frequentador de Belém. Estava-se na mesa do lanche, a Rainha não, e vai, as moças principiaram com brincadeirinhas de subentendidos, bastante perigosas e mesmo às vezes francamente apimentadas. O caboclo bem quieto ali do lado. Nisto alguém, não lembro quem, provavelmente o jornalista, sim, foi ele sim, me lembro, meio ameaçou, mas se rindo: "Estas borboletas atraídas pela luz, vocês se queimam!".

Foi então que o velho falou, bem calmo: "Queimam não, moço. Queimavam quando a luz era de fogo, mas hoje em dia nem luz queima, é eletricidade. Barboleta bate na luz e continua vivendo no meio das outras".

Disfarcei mas querendo escrever o nome dele aqui, depois de um tempo perguntei. Ele me olhou desconfiado, levantou e respondeu partindo: "Moço, eu sou homem dos três vinte: vinte solteiro, vinte casado, vinte viúvo".

Às seis horas Almeirim, não desço. Me preparo pra descer em Arumanduba que está pra chegar, a formidável propriedade, que vale, dizem, um milhão de dólares ouro. Dona Olívia não quer descer e as meninas já não se interessam mais pela viagem, nem convido. Desço só e visito toda a propriedade com Manuel Pinto Nemo, cunhado do senador José Júlio de Andrade. Arumanduba é o centro. Jari e Cajari maiores produtores de borracha e castanha. Paru, castanha e balata. No fundo, léguas além, se enxergam formando horizonte os castanhais sem fim. Morros de castanha, tapetes de balata pra atapetar o oceano, peles de borracha brotando dos armazéns lacustres... Arumanduba com cinco gaiolas grandes navegando só pra ela e dela só... O chefe grande com casa telada e vasta na fazenda, casa em Belém, casa no Rio de Janeiro... Criação de búfalos nojentos, esses porcos de chifre...

O vaticano vai partindo já. Alguém não viu as manobras, ficou a bordo. O pessoalzinho encarapitado no trapiche caçoa:

"Cai n'água, Baltazar!"

"Boa viagem, Baltazar!"
"Dá lembrança pros xodós de Belém, Baltazar!" Só vendo que risadas boas nascem do trapiche. Afinal um pula no casquinho, vem dar auxílio a Baltazar. O sr. Nemo me deu duas bonitas peles de guaribas, macho e fêmea. E um caixote de castanhas distribuíveis. Às quatorze horas Gurupá. Visita ao forte tradicional, igreja, intendência em ruínas. Dezenove horas tempestade rápida, e entrada magistral de drama e tragédia pelos estreitos de Breves. E logo depois, parada em Arraiolos, tudo é nome portuga por aqui, tomar lenha.

26 DE JULHO

Paradinhas do *Vitória* toda a noite pra abraçar conhecidos. Risadas, pagodas, caceteando o sono da gente. Pela manhã, inda os estreitos de Breves. Fazer malas pra chegar em Belém amanhã. Pela tardinha, Cocal, porto de lenha com cestos e chapéus de jupati. Às dezenove horas Jararaca, engenho importante no furo das Jararacas. Chuvada grossa. Só partimos lá pelo meio da noite, quando a chuva acabou.

Me esqueci de contar. Aqui, vaticano é bonde, embarcam num seringal pra descer logo adiante noutro, e assim. Pouco depois de partidos de Porto Velho, na volta, vieram perguntar a dona Olívia si ela garantira mesmo pagar a passagem até Manaus, da mulher da terceira classe. O que é, o que não é? Quando foram pedir a passagem da velha, passageira nova da terceira, ela respondeu muito sossegada: "A Rainha do Café paga".

Dona Olívia não sabia de nada, mas pagou, está claro.

27 DE JULHO

Amanhecemos atravessando o ar enfarruscado da baía de Marajó, imensa, criando horizontes à vontade. Belém pelas treze horas. Ventura de Belém. Mas que calor... excepcional. Automóvel até o Sousa, buscar os trabalhos de tartaruga encomendados ao Antônio do Rosário. O meu berço de mata-borrão, honra me seja feita, desenhado por mim e com as proporções dadas por mim, é o mais bonito berço que já vi. Tarde no terraço do Grande Hotel, mas é mesmo uma maravilha de bem-estar... Mais um banho e jantar. Minhas companheiras vão no cinema, onde não levam mais *Não percas tempo*. Eu me deixo ficar nestas calçadas largas, chupitando um guaranazinho gelado e a conversa faladíssima do Clóvis Barbosa.

Variante

A tal lenda ou anedota do padre com a brincadeira do "Quero que vá e venha e me traga isto", tem variante anticlerical. É o padre Julião, dizem, que quando estava-se construindo o Hospital da Beneficência Portuguesa, usou dessa brincadeira pra tirar as coisas do hospital e construir a própria casa dele...

Belém. São Tomás e jacaré

Na visita de hoje ao Museu Goeldi, o diretor do museu, que nos acompanhava, nos proporcionou o espetáculo do almoço do jacaré-açu. Que bote angélico!...

O bicho monstruoso estava imóvel, espiando pra nós, entredormido. O empregado atirou o pato mais de meio metro por cima da água, jacaré só fez nhoque! Abocanhou o pato e afundou no tanque raso. A gente percebia bem, na clareza da água, o pato atravessado na bocarra verde. Nem jacaré nem pato se mexiam. Não houve efusão de sangue, não houve gritos nem ferocidade. Foi um nhoque simples, e "o espírito de Deus voltou a se mover sobre a face das águas".

Aquele bote do jacaré me deixou num estado de religiosidade muito sério. Palavra de honra que senti Deus no bote do jacaré. Que presteza! Que eternidade incomensurável naquele gesto! e, sobretudo, que impossibilidade de errar! Ninguém não errará um bote daqueles, e, com efeito, o pato lá estava, sem grito, sem sangue, creio mesmo que sem sofrimento, na boca do bicho. Uma surpresa grande e um delíquio, do qual passara pra morte sem saber. E da morte pra barriga do jacaré.

E o jacaré-açu tão quieto, com os olhos docinhos, longo e puro, tinha um ar de anjo. Não se imagine que chego à iniciativa de povoar os pagos celestes com jacarés alados. Não é questão de parecença, é questão de "ar": o jacaré tinha um ar de anjo. Percebi no nhoque, invisível de tão rápido, aquele conhecimento imediato, aquela intelecção metafísica, atribuída aos anjos por são Tomás. Eh, seres humanos, a superioridade dos irracionais sobre nós, reside nessa integridade absolutamente angeliforme do conhecimento deles. É fácil de falar: jacaré intuiu pato e por isso comeu pato. Está certo, porém nós seccionamos em nós mesmos a sensação, a abstração, a consciência e em seguida a vontade que deseja ou não deseja e age afinal. Nos falta aquela imediatez absoluta que jacaré possui, e que o angeliza. O bicho ficou, por assim dizer, pra fora do tempo naquele nhoque temível. Ver pato, saber pato, desejar pato, abocanhar pato, foi tudo um. O nhoque nem foi um reflexo, foi de deveras uma concomitância, fez parte do próprio conhecimento. Por isso é que percebi o ar de anjo do jacaré-açu. Passou um quarto de hora assim. Então, com dois ou três arrancos seguidos, o jacaré ajeitou a comida na bocarra, pra começar o almoço. A água se roseou um bocado, era sangue. Isso me fez voltar daquele contato com a Divindade, a que me levara o bote do bicho. Senti precisão de me ajeitar também dentro do real, e, como era no Museu Goeldi, fui examinar a cerâmica marajoara.

Nossa vingança terrestre é que o jacaré, com a intuição extemporânea, não gozara nada. Só mesmo quando a água principiou roseando é que possivelmente o jacaré terá sentido o gosto na comida. Gostou pato. Gosto de pato, como também a gente abre os olhos e enxerga um desperdício de potes coloridos. A gente exclama "Que boniteza!" com a mesma fatalidade com que o jacaré-açu... conheceu "É pato" e nhoque. Com a mesma fatalidade, mas não da mesma forma porém. Nossa racionalidade humana permitiu abstrair dentro do tempo e dos conhecimentos adquiridos, e designar a boniteza da cerâmica marajoara. Mas essa boniteza será para cada qual, uma, e para cada qual diversa e opípara. O jacaré jamais gozará pato nesta vida. O que pra nós é Verdade, Verdade vária e difícil, pra ele não passará nunca de Essencialidade, sempre a mesma e irredutível. Falta princípio de contradição pra jacaré, e eles serão eternamente e fatalizadamente... panteístas. Só em nós, além de gosto, bate o gozo do sangue na língua. E a vida principia a ser gozada.

28 DE JULHO

Belém gostosíssima, a milhor coisa do mundo, com mercado e a rua João Alfredo (a Quinze de Novembro daqui), manhã toda, em compras e brincadeiras. Dia no Museu Goeldi com o dr. Rodolfo. Tarde nas calçadas do Grande Hotel, chupitando açaí. Noite com Gastão Vieira mais um poeta. Leio "Noturno de Belo Horizonte" esbalordindo os dois. Gastão, uma comodidade sem mistura, delícia de companheiro.

Frescal: "pirarucu frescal", "pato frescal" de Marajó, é a carne-seca ao sol, porém de pouco tempo, vinte, máximo trinta dias.

Perdidos

"Eu, palavra de honra que não me lembro de ter passado por aqui!"

"Ora vocês!... Então vocês não são capazes de se orientar num mato, puxa, que fazendeiras! O navio fica pra cá."

E apontei pra um lado, tinha certeza.

"Não senhor! é pra cá!", e o Klein apontava, angulando comigo uns sessenta graus.

Então se levantou uma discussão inútil, cada um apontando um lado, só o francês Musset não apontava coisíssima nenhuma. As moças estavam muito inquietas e resolvi agir com calma. O fato era que estávamos perdidos duma vez, cada um de nós cinco imaginando que os outros estavam prestando atenção no caminho que fazíamos. Fiz um esforço enorme de memória sensitiva pra ver se me lembrava de que lado do navio batia o sol quando descemos em terra. Pelo menos assim, guiados pelo sol, poderíamos chegar até o rio, era a primeira solução. Não queria falar no que estava pensando aos outros, pra que não me atrapalhassem com sugestões, mas o certo é que todos tinham se lembrado do mesmo alvitre, de forma que, quando ia apontar pra um lado dizendo que era pra lá: Balança apontando o lado oposto, Trombeta o ângulo reto à esquerda e Klein o ângulo reto à direita, disseram, firmes, *una voce*: "É do lado de cá!".

O francês Musset não apontava coisíssima nenhuma. Também que diabo de nome pra uma ocasião destas!... Propus muita calma e nos sentamos pra resolver. Alguém alvitrou voltarmos ao tapiri do lago, pra indagar da paralítica, mas de que lado ficava o lago? E a discussão se repetiu, como fazer? Foi então que expus a situação tal como era mesmo: ficar ali feito bestas, esperando a morte, duas moças bonitas, o francês Musset, o alemão Klein e um poeta é que não podia ser. Era já manhã alta, e fazia muito calor. Uma pequena fome nasceu. Foi nesse instante que passou por nós uma tracajazinha muito graciosa, passou, virou a cabeça nos olhando e continuou na sua reta. Todos logo percebemos que aquilo era um sinal divino e resolvemos seguir a tracajá. No fim de uma hora mais ou menos, tínhamos dado uns oito passos e ainda enxergávamos ali mesmo as sapopembas onde tínhamos sentado pra resolver. Nisto passou uma cobrinha-d'água muito rápida, em sentido justamente contrário ao da tracajá, e tivemos a impressão de que era também um sinal divino, mas os dois sinais divinos eram incontestavelmente contraditórios. Então percebemos que, sim, eram sinais divinos, não se podia negar, apenas os sinais divinos eram muito importantes pra estarem se preocupando com a nossa salvação terrestre. Em vez: vinham, justo no instante do nosso próximo falecimento, nos indicar os dois caminhos da salvação *post mortem*, as estradas do Bem e do Mal. E tivemos um frio na barriga. Este frio nos fez lembrar que estávamos principiando a sentir fome e que o milhor era primeiro a gente comer alguma coisa, alguma fruta silvestre, ou desenterrar alguma raiz de mandioca e assá-la. Este alvitre logo nos deixou em condição de muita fome e resolvemos logo procurar o maior mandiocão que houvesse por ali, que pudesse de-fato matar a nossa fome. E todos principiamos procurando a árvore da mandioca, mas no fim de uns seis minutos, com a exceção do francês Musset, que não estava procurando coisíssima nenhuma, reparei que todos andávamos de mãos dadas, quando um mudava um passo, os outros mudavam também, todos nos entreolhando, em vez de olhar as árvores. Me veio uma luz: "Quem conhece a árvore da mandioca?".

Era mesmo o que eu supunha: gente de cidade, fazendeirinhas chiques, ninguém não conhecia a árvore da mandioca ali. Mas nisto, a fome era tamanha que, vendo uma árvore colossal, de uns três metros de diâmetro e com fabulosas sapopembas, imaginei que era a árvore da mandioca, pra ser capaz de matar a nossa fome. Todos concordaram depressa, porque já estávamos fatigadíssimos de tanto discutir e pusemos mão à obra. Como não tínhamos nenhuma arma, o francês Musset e eu, com os nossos fura-bolos, principiamos cavando a terra pra desentulhar as maiores e mais tenras raízes da mandioca. O Klein, por ali, estava ajuntando folhas secas, dificílimas de encontrar naquelas terras tão úmidas, para fazer fogo e fritar mandioca, pois que sempre gostamos muito de mandioca frita. Enquanto isso, as moças, cantando suaves melodias para descansar os nossos membros fatigados, munidas de seus alfinetes, se preparavam para descascar as raízes de mandioca. O Klein já conseguira reunir umas trinta folhas bem sequinhas e alguns troncos mortos mais ou menos secos mas lembrei a tempo que tínhamos poucos fósforos, uns vinte palitos ao todo, e deveríamos economizar fósforo até o fim. Num acesso de raiva passei uma descompostura no alemão e guardei todos os fósforos no meu bolso. O alemão e o francês, subitamente aliados, trocaram um olho de conivência e quiseram me invadir, mas Trombeta, percebendo tudo, salvou a situação. Tirou os fósforos do meu bolso e os enfiou na abertura do decote, dizendo cheia de pudor:

"Quem for capaz, venha buscar fósforo!"

Aí os estrangeiros recuaram. Mas nisto o francês Musset teve uma ideia providencial e exclamou:

"Mas assim não poderemos assar a mandioca!"

"Ora, que arara! Pois si a mandioca vai ser fritada e não assada!"

Então Balança me acalmou, me fazendo ver que o francês não estava mais com vontade de brigar, e que mandioca, tanto frita como assada, precisa de fogo. Reconheci que todos tinham razão contra mim e pedi os fósforos a Trombeta, que os entregou de má vontade. Depois que os vinte palitos de fósforo se acabaram, o alemão Klein se lembrou que com o vidro dos meus óculos e qualquer raio de sol, seria mais fácil fazer fogo, foi a nossa salvação. Emprestei meus óculos ao Klein, e enquanto ele olhava pra cima procurando um raio de sol, recomecei cavando a terra. Que trabalheira! porém o que doía mesmo fundo na minha alma cavalheiresca era ver aquelas duas flores gentis da estufa paulistana, ali, serenas, heroicas, de alfinetes em punho, esperando mandioca pra descascar. Olhava pra elas, recobrava ânimo e o fura-bolo enterrava no chão com energia.

Cavamos, cavamos, e quando foi ali pela boca da noite já tínhamos posto pra fora do chão mais de metro e meio de mandioca. Mas como cortar aquela raiz possante? A fome já estava me escurecendo a vista, não pude resistir, dei uma mordida na raiz, porém ela era tão amarga que sorri amargamente.

"Não é mandioca não, meus amigos..."

Todos vieram imediatamente provar a raiz e resolvemos de comum acordo que aquilo não era mandioca. O alemão não conseguira fazer fogo com os meus óculos e estava feito pamonha, na minha frente, examinando uma borboletinha muito bonita que ele pegara. Aquilo me encheu de tanto ódio que dei um empurrão nele: "Sai d'aí, imprestável!".

Ele deu um pulo pra trás, com o meu empurrão, largando a borboletinha. Mas que acaso feliz! Com o pulo, Klein pisara numa lagartixa, e a pobrezinha estava ali, sem poder andar, com a espinha quebrada. Tratamos logo de limpá-la o mais possível com os alfinetes, e depois de bem repartida, devoramos aquela refeição crua e precária. Com o alimento me voltou a vista escurecida e divisei a madrugada que já vinha pingando da ramaria. Criamos todos alma nova com o dia, e resolvemos de comum acordo que, antes de partir em busca das margens do rio, o milhor era matar a fome duma vez. D'aí principiamos dando enormes empurrões uns nos outros pra ver se conseguíamos por acaso pisar em mais lagartixas. Só então é que compreendi aquele admirável provérbio nortista que diz que "necessidade faz sapo pular". E foi num desses empurrões que o francês Musset pisou numa correição de formiga e saiu dançando um minuete de Rameau. Fui examinar as formigas, e como já tinha experiência, diagnostiquei triunfante: "Temos fogo!".

Era a famosa formiga-de-fogo chamada. Depois de esfoladas as cinco lagartixas que tínhamos caçado por acaso com os nossos empurrões, depositei as ditas na correição. As formigas morderam a carne que ficou logo regularmente moqueada. Já nos dispúnhamos a comer essa nossa frugal refeição, quando o alemão Klein, examinando as pernas do francês Musset, que estava inconsolável com as mordidas, reparou que em cada mordida estava uma bolhinha d'água. Foi imediatamente buscar mais uma formiga-de-fogo, botou na perna do francês e a formiga mordeu. Klein examinou a mordida e deu um grito. Acorremos em grande aflição, mas Klein sorria e falou enigmaticamente: "Nada mais temos a fazer que seguir esta correição, dando sempre a nossa frente para a frente das formigas, que toparemos com o rio".

E seguiu na frente. Pois nem bem marcháramos um quarto de hora e já se escutava a brincadeira dos tapuios carregando acha de lenha pro *Vitória*. E como toda a gente estava muito se divertindo, ninguém pusera reparo em nossa ausência. Choramos de alegria, salvos da morte próxima, e felicitamos muito o francês Musset por ter descoberto o caminho. É que formiga-de-fogo usa muito buscar água do rio pra evitar incêndio no formigueiro.

29 DE JULHO

Vamos a Marajó. Às cinco e muito tomamos a lancha *Ernestina* pra atravessar a baía. Pelas oito, tomamos a *Tucunaré*, menorzinha, e entramos pela boca do rio Arari. Marchas e paradinhas. Santana. Cachoeira. Paraíso com seus búfalos. São Joaquim, com seus búfalos. Só brasileiro mesmo, além do zebu, se lembrava de criar búfalo-africano, cruzamento de carneiro e porco... Enfim estamos noutra espécie de paisagem amazônica. O Arari ainda principiou com um matinho ralo dos lados e uns igarapezoides de uma simpatia incomparável. As ingazeiras cobrem inteiramente as margens, folhudas, rechonchudas, lavando os galhos n'água do rio. Uns macaquinhos voam de galho em galho. As aningas floridas. De vez em quando o voo baixo das ciganas, parecem pesar toneladas. E uma abundância de trepadeirinha lilá, de que ninguém sabe o nome, cobrindo as margens folhudas. E a vista se abre em novos horizontes. São campos imensos, de um verde-claro, intenso, com ilhas de mato ao longe, nítidas, de um verde-escuro que recorta céu e campo. Balança lembra a Escócia. Concordo com erudição, meio irritado. É Marajó, gente! A Escócia tem jaçanãs também? tem garças? E tem este rio Arari, que não acaba e vai se estreitando cada vez mais, deixando imagens voluptuosas na sensação completamente descontrolada?... E a Escócia tem este inferno de gado orelhudo, estes zebus e estes búfalos, rebaixando estes campos de beleza sublime!... Garças, garças, garças, uma colhereira dum rosa vivo no ar! E enfim passamos num primeiro pouso de pássaros que me destrói de comoção. Não se descreve, não se pode imaginar. São milhares de guarás encarnados, de colhereiras cor-de-rosa, de garças brancas, de tuiuiús, de mauaris, branco, negro, cinza, nas árvores altas, no chão de relva verde-claro. E quando a gente faz um barulho de propósito, um tiro no ar, tudo voa em revoadas doidas, sem fuga, voa, baila no ar, vermelhos, rosas, brancos mesclados, batidos de sol nítido. Caí no chão da lanchinha. Foram ver, era simplesmente isso, caí no chão! O estado emotivo foi tão forte que me faltaram as pernas, caí no chão. Pra contrabalançar a poesia deste tombo: me lembro, em rapazinho, quando torcia por futebol, num jogo entre o meu adorado Paulistano e o São Paulo Athletic, quando este fez o gol que me roubou a taça de campeonato, caí no chão. Mas agora, sempre sou homem, desbastado pelas experiências e prazeres. E a beleza de Marajó com sua passarada me derrubou no chão. Os outros riem. Dona Olívia acha uma graça enorme no meu tombo. Mas imagino que ela está rindo um pouco forçado. Também ela queria cair no chão, nesta felicidade que ela nunca viu. Os olhos bonitos dela estão lindíssimos. Arapapás, mauaris, pavõezinhos. Guará misturado com frango-d'água. Um jacaré envernizado foge, se deixa cair n'água. Uma colhereira no meio de um, dois, três, treze tuiuiús. O mergulhão, nadando corpo inteirinho dentro d'água, só o pescocinho fino e a cabecita

de fora, vira pra aqui, vira pr'acolá, fugindo de nós. Porém a lancha é mais rápida, ele abriu num voo molhado, foi se esconder longe. Malhada é o lugar em que, de costume, os rebanhos se reúnem diariamente, olhe a malhada! Campos de uma chateza esportiva, drenados de seu natural... Iritauá amarelo vivo e preto, outro de costa encarnada, asa e cabeça preta. A tracajazinha em cima do pau, cai n'água. E lá no longe, o fumo das queimadas...
    Parados em Tuiuiú, onde passaremos a noite. É um desespero. Biliões, biliões de carapanãs. Pela primeira vez, não resisto e me emporcalho da tal pomada inglesa, feita com citronela-de-java, bom cheirinho aliás. Tenho pelotes de pomada na cara. Mas os carapanãs vêm feitos sobre a cara, atravessam a graxa, mordem, e morrem grudados na pomadaria. É pavoroso. Janta: ovos e pato seco. Tem um pichezinho desagradável quando não sabem tratá-lo bem, como agora. E cantamos! Cantamos assim mesmo, engolindo mosquito.

30 DE JULHO

Barulho e carapanãs, às quatro horas e meia acordo. Limpeza à Água Florida, comprada em Iquitos e que desde a infância nunca mais vira nem cheirara. Fico inteiramente enjoativo. O barulho aumenta e lá pelas seis, dia clareado, principiam embarcando gado noutra lancha, pra Belém. Os vaqueiros me repõem, depois de dois meses, numa normalidade mais afro-brasileira, no geral mulatos. Troncudos, alegres, fazendo festa do trabalho, como em geral por todo este Norte.
    "Êh, búu! Êh, búu!"
    "Veeeênha, boi!..."

"Pega, ermão!"
"É pro barco ou pra lancha?"
"Desça o cabo, ermão!"
"Venha, boi! veeênha, boi!"
"Êh, diâ!..."
"Eúu!..."
"Êiâaaaa..."
E os bois desembocam do cercadinho na caiçara.
"Êh, búu!"
"Pra lancha, companheiro!"
"Venha, boi!"
O guindaste grita mais que todos, suspendendo o boi pela armadura. O boi revira os olhos abertíssimos, pescoço duplicado, estiradíssimo, desce na lancha, se apruma. Não se move porém, estarrecido ainda do pavor.
"Mande esse boi!"
"Nóis queremo boi!"
"Este é pra lancha, ermão!"
Enquanto o administrador de Tuiuiú, "queira desculpar" nos oferece um leite mirradinho, "leite da vazante" ainda.

Partimos. Já são mais de dez horas quando entramos pela boca do lago Arari, centro da ilha. À esquerda, inerte, duplicada na água imóvel do lago a povoação lacustre de Jenipapo. Está fazendo um "excepcional" pavoroso. Damos um passeio de baleeira pelo lago. Remo eu, num desajeitamento-mãe. O calor sobe. Diz-que vai ser ruim si ele nos pegar, na força do dia, dentro ainda do lago. Nos chamam da lancha pra partir. Encurtamos caminho pelas ruas aquáticas do vilarejo e pouco depois de onze a Tucunaré parte buscando o rio e a volta pra Belém, fugindo do calor. Oscilamos todos, uma sensação de enjoo de mar, são exatamente onze horas e cinquenta minutos, a *Tucunaré* encalhou! E principia, principiam os funcionários da lancha, os trabalhos de desencalhe. Esvaziam as caldeiras pra ver si a lancha boia, nada. E assim. O calor vai subindo, vai subindo. O céu está branco e reflete numa água totalmente branca, um branco feroz, desesperante, luminosíssimo, absurdo, que penetra pelos olhos, pelas narinas, poros, não se resiste, sinto que vou morrer, misericórdia! O milhor é ficar imóvel, nem falar. E a gente vai vivendo de uma outra vida, uma vida metálica, dura, sem entranhas. Não existo. Até que capto no ar uma esperança de brisa, é brisa sim. O céu branco se escurenta em cinzas pesados de nuvens. Em cinco minutos o céu está completamente cinzento-escuro e venta forte um vento agradável nascido das águas fundas. Não consegue chover, mas o calor desapareceu, já são dezesseis horas. Diante da inutilidade dos esforços mandam montaria rio abaixo, em busca de socorro. Mas já estamos vivendo milhor esta vida equatorial. Não tem dúvida nenhuma que ela é mais objetiva que a nossa vida no sul. Não é exatamente uma questão de maior ou menor espiritualidade nossa, mas espiritualidade das coisas. Não sei, mas uma paisagem dos arredores de São Paulo, uma cidadinha, um rio mineiro, uma fazenda paulista, uma laranjeira, uma peroba do sul, não sei... sinto quando os contemplo, que há qualquer coisa neles que eu não compreendo, uma como vida interior deles, que se resguarda, é misteriosa alma das coisas. Isso: a alma das coisas. Desde as dunas do Nordeste a alma das coisas desapareceu. Tudo aparece revestido de uma epiderme violenta, perfeitamente delimitada, que não guarda mistérios. Mais franqueza, uma certa brutalidade leal de "coisa" mesmo. E disso vem uma sensualidade de contato em que a gente toda se contagia de uma violenta vida sensorial, embriaga.

Não posso jantar direito com esta ironia sobrando no meu pensamento. O primeiro que viu, chamou todos. E ficamos muito tempo vendo as piranhas n'água, relâmpagos vorazes de cinzento e encarnado, comendo carne. Como elas comem carne! Agora, tenho a impressão que as piranhas todas estão nos espiando d'água, impressionadas, comentando que nós comemos carne...
E a noite chega. Trombeta canta ao violão. Ventura, delícia de deitar na tolda do vento forte que varre os carapanãs... Delícia de se estender na tolda sob um céu errado em que as nuvens é que são a noite e o firmamento atrás é claro, claro, de um verde esmaecido e luminoso... Ventura da gente se deixar viver sem mais nada, sem amanhã, sem ontem, molhando a língua sem economia nos últimos guaranás gelados... Ventura da noite de vento forte que varre os pensamentos, na boca do lago Arari...

31 DE JULHO

Amanhece e eis que de repente a *Tucunaré* se safa por si mesma, sem esforço. Partimos. Pelas oito horas encontramos a *Flecha*, mandada em socorro. É mais esbelta, faz um volteado elegante e lá vai na nossa frente, numa elegância de garça, com a esteira trançada de cores solares indicando caminho ao bobo do *Tucunaré*. Deixamos o prático em Tuiuiú. Ainda na manhã alta passamos a fazenda Arari. À tarde passeamos em Santana. Banho com medo de arraia. À noitinha, embarcamos de novo na Ernestina, em busca de Belém. Às vinte horas e cinquenta e cinco minutos exatamente, encalhamos em plena baía de Guajará, com Belém pela frente. Encalhe de poucos incômodos:

quinze minutos depois, a lancha está "safa" como diriam no *Vitória*. Uma hora depois, Belém. Arranjar malas, que amanhã com despedidas e tanta coisa, não terei tempo.

1º DE AGOSTO

Último dia de Belém, me sinto comovido, palavra. Nunca na minha vida encontrei uma cidade que me agradasse tanto, com que eu simpatizasse tanto. Como enchimento de gostosura, passei em Belém os melhores dias de minha vida, inesquecíveis. Manhã de compras, passagens, caceteações, peles de lontra, mercado, como sempre, essa maior ventura de Belém... Coisas de índios... Enfim compro algumas, é meio besta. A falta brasileira de organização é tamanha que tudo o que vendem dos índios, no mercado de Belém, é legítimo. É tudo bastante feio, sem valor, usado. Inda não teve quem se lembrasse que é falsificando que a gente consegue tornar estas coisas de mais valor, não só fazendo mais bonito e mais bem-feito que os índios, como valorizando as coisas deles, por torná-las legítimas e mais raras. É o documento falso que torna o verdadeiro, legítimo. Ora o valor nunca está propriamente na verdade, e sim na legitimidade, não acha mesmo? Eu não sei bem si acho, mas como já escrevi, que fique. Vai por conta da desorganização nacional. Almoço. Fujo, vou visitar as duas magníficas igrejas barrocas, magníficas. Visita ao presidente. Despedida. E... e, como sempre acontece quando chega o momento de uma viagem preparada, ainda é de-tarde, um apenas começo de tarde, o *Baependi* partirá às vinte e... e nada! Um vazio na vida. Não temos o que fazer. Mas existe esta calçada do Grande Hotel, a praça com as enormes árvores folhudas, e o sorvete do açaí, será que gostei mesmo do açaí? Não é propriamente gostar, mas em Belém fica divertido tomar açaí. É dessas comidas "locais" que, mesmo quando não são gostosas, participam de tal forma da entidade local que fica um muro na frente a gente não usar. E é indelicadeza não gostar. Pousa macio na boca da gente, é um gosto doce de mato pisado, não gosto de fruta, de folha. E logo vira moleza quentinha na boca, levemente saudoso, um amarguinho longínquo que não chega a ser amargo e agrada. Bebida encorpada que, por mais gelo que se ponha, é de um quentezinho amável, humilde, prestimoso. É um encanto bem curioso o do açaí... A gente principia gostando por amabilidade e depois continua gostando porque tem dó dele. Isso, falo de nós, gente que não precisa se alimentar com açaí, leite dos pobres, e o bebe pra encher tempo nos passeios por aí. O açaí não chega a ser ruim, longe disso, mas está longe de ser bom, como é bom um pato com tucupi, um casquinho de caranguejo e quatorze outros comes e bebes destas amazonas. E dá psicologia pra gente. Me sinto intensamente local, bem localizado, tomando sorvete de açaí. Jantar enfim. Está na hora da partida, e temos duas anedotas. Uma, entreguei de-manhã ao repórter a entrevista que ele me pedira pra telegrafar pro Rio de Janeiro. Estou jantando e vejo o rapaz, seus vinte-e-poucos lá na porta do salão me olhando. Quando me dirijo ao meu quarto, tinha resolvido mudar de roupa, muito amarfanhada com o dia, o mundo oficial vai no cais, o rapaz me interrompe o caminho, cheio de dedos. Pergunto o que é, meio impaciente. Ele, bastante comovido, gaguejando:

"O senhor sabe naquele lugar tal da sua entrevista?..."

"Sei, o que há?..."

"Aí, pra não ficar monótono eu acrescentei que então o senhor sorriu e tirou uma fumaça do cigarro, não faz mal?..."

Havia angústia nos olhos dele, pedindo aprovação.
"Ficou ótimo, me'rmão!"
Ganhei um admirador. Talvez um amigo...
A segunda anedota bem podia se chamar "O preço da Amazônia". Parto, apenas com quatorze mil-réis no bolso, o dinheiro evaporou. Além dos meus gastos, andei emprestando às meninas, que já estão com vergonha de pedir mais dinheiro a dona Olívia, e o resultado é esse, gorjetas dadas, tudo pago, estou com quatorze mil-réis apenas. Trocava com afobação a roupa, já de cuecas, quando batem na porta do quarto. Era um embrulho.
"Tem resposta."
Abro o embrulho infernizado: é um opúsculo tratando da Amazônia, com enorme abundância de retratos políticos. Um cartão junto descrevia assim os sentimentos do autor:

> Dr. Mário de Andrade. Confiado no vosso espírito de observação e no vosso alto descortino sobre o grandioso futuro que se abre à Amazônia, recomendamos a V.S. a leitura deste livro, esperando a aceitação deste exemplar pelo preço que julgar merecedor o assunto, podendo entregar ao portador a respectiva importância. Do amº. obº. Fulano dos Anzóis Carapuça (sic)

E agora? Quanto valerá a Amazônia? Inda mais pra um viajor cheio de gratidão e paixão como eu!... Vale vinte mil-réis, me falei. Então fiquei danado. Não tinha vinte mil-réis comigo e o livro ia me cacetear, as malas já todas fechadas e abarrotadíssimas de Amazônia. Tinha duas notas de cinco e o resto moedas. Abri uma nesga da porta (questão dos trajes menores) pus cinco mil-réis para fora:
"Serve assim?"
Me arrancaram o dinheiro da mão, sem nem muito-obrigado.

O ajudante de ordens do presidente nos conduz a bordo no carro oficial. O prefeito Crespo de Castro, Bebê Costa, dr. Caper, srta. Mac Dowell, Gastão Vieira, que me dá de presente um chapéu do chile. E o nosso criado Raimundo, o providencial Raimundo que nos seguiu toda a viagem, trazendo refrescos na hora apropriada. Está com lágrimas nos olhos, nos acenando o nosso Raimundo. O *Baependi* se afasta lerdo do cais, nestes protocolos desagradáveis da partida. Digo adeus e mais adeuses. O Clóvis Barbosa também. Fiquei muito amigo do Gastão Vieira. Gente boa. Gente boa, lá longe. Mais longe. O vapor cria força numa brisa macia que vem do largo. A noite é escura, profunda. Belém brilha lá longe.

Estávamos todos trêmulos... etc.

"Mário..."

Até me assustei.

"O que é, Rainha!"

"Com as despedidas, não pude tirar dinheiro no banco. Você pode me emprestar algum pra viagem?..."

Tomo como um soco na boca do estômago: fico inteiramente desorientado. Ela inteirada da situação, apenas sorri, viajadíssima. Terá uns vinte ou trinta mil-réis consigo. Faremos dívidas, pagáveis no Rio de Janeiro. Mas não me conformo com o vexame. Vou dormir sem graça nenhuma.

O poema nasce

Exatamente no dia 23 de novembro desse ano de 1927, já ia entrar na máquina para a impressão o *Clã do jabuti*, quando mexendo nas provas lá na tipografia, tive um susto. No título da "Moda da cadeia de Porto Alegre" estava, e me escapara: "Moda da cadeia do Alegre Porto"! Antes mesmo de fazer a correção, nasceu a resposta dentro de mim: "alegre porto" não é Porto Alegre, é Belém... E saí pela rua impressionado, "alegre porto" é Belém... revivendo as lembranças próximas, andando maquinalmente, sorrindo, em felicidade, caminhando, nasciam ritmos dentro de mim, nasciam frases inteiras... Nem bem cheguei em casa, quase sem a menor correção, as estrofes na ordem, o refrão no lugar certo, me nasceu esta cantiga:

MODA DO ALEGRE PORTO

Velas encarnadas de pescadores,
Velas coloridas de todas as cores,
Águas barrosas de rios-mares,
Mangueiras, mangueiras, palmares, palmares,
E a barbadianinha que ficou por lá!...

    Que alegre porto,
    Belém do Pará!

Que porto alegre,
Belém do Pará!
Vamos no mercado, tem mungunzá!
Vamos na baía, tem barco veleiro!
Vamos nas estradas que tem mangueiras!
Vamos no terraço beber guaraná!

    Ôh alegre porto,
    Belém do Pará!

O sol molengo no pouso ameno,
Calorão batendo que nem um remo,
Que gostosura de dormir de dia!

Que luz! que alegria! que malinconia!
E a barbadianinha que ficou por lá!

Que alegre porto,
Belém do Pará!

A barbadianinha que ficou por lá
Relando no branco dos moços de linho
Passeando no Sousa, que lindo caminho!
À sombra de enorme frondosa mangueira,
Depois que choveu a chuva para-já!...

Ôh barbadianinha,
Belém do Pará!

Lá se goza mais que em New York ou Viena!
Só cada olhar roxo de cada morena
De tipo mexido, cocktail brasileiro,
Alimenta mais que um açaizeiro,
Nosso gosto doce de homem com mulher!
No Pará se para, nada mais se quer!
Prova tucupi! Prova tacacá!

Que alegre porto,
Belém do Pará!

2 DE AGOSTO

Água salgada levando pro sul... Me acordo às cinco e levo uma hora tomando um banho de água branca. Já os tomara em Belém, não devo ser injusto, mas permanecia aquela sensação irreprimível das águas barrosas do rio e dos banhos de bordo. Me sinto novo. Aguento bem o marzinho picado, sem enjoo algum. O *Baependi* é cargueiro. Comemos no camarim de dona Olívia. Depois tenho altas conversas com Cholito. Quem é Cholito? Não vale a pena. Veio de Iquitos na viagem do *São Salvador*, conosco. A temperatura desce com a ventania e as sombras das nuvens. Depois do banho da tarde, visto roupa do sul, casimira depois de dois meses de ausência. Fiquei compassado, arre! Sinto desejos de ficar só, de ficar triste... Fujo do salão, das moças, vou ficar só, vou ficar triste, na proa sem ninguém, desta noite feia. Fico vagamente tristonho. Me sinto completamente sozinho. Meu corpo canta vibrado pela ventania.

3 DE AGOSTO

Amanhecemos espiando a terra de Graça Aranha. São Luís ali na frente, não se pode descer, a parada é pequena, um volume compacto de telhados e copas verdes. Não há sinal de vida. O sol está queimando. São Luís está completamente integrada no Todo Brasileiro, numa pasmaceira-mãe. Às dez partimos. Vou fazer alguma ginástica pra consertar o corpo, que se deformou bastante em dois meses de bordo e gelados de hora em hora. A curica engole uma pérola do colar de dona Olívia e toma uns ares estomagados de Cleópatra. Mar ora azul, ora verde-claro, com manchas escuras. Recebo telegrama de meu amigo natalense Luís da Câmara Cascudo, que jamais vi na vida e gosto tanto. "Prefere recepção com discurso? Abraços." Respondo: "Sem. Abraços". Ventanias esplêndidas.

3 de agosto. Sátira (Graça Aranha)

O gosto da quadrinha pegou. Encontro outra, do dia de hoje bem melhor que a de ontem. Foi decerto a ida pras nossas terras internacionais do Centro, São Paulo, Rio, trabalhos, lutas artísticas, que me botou pensando em Graça Aranha. Saiu esta quadra:

> *Sei dum escritor que é guia*
> *Da poesia guarani;*
> *Nós vivemos lhe dizendo:*
> *"O caminho é por aqui".*

Especialmente no Rio, são numerosos os modernistas brasileiros que têm a erudição do modernismo. Porém a gente pode bem ter a erudição duma coisa sem que ela se torne pra nós um objeto de conhecimento...

4 DE AGOSTO

Vida de bordo numa ventania formidável. Só vento. Dona Olívia não se levanta. Fico admiravelmente só, rasgado pela ventania. Continuo ginástica. O navio corcoveia. Dois banhos salgados diários. A boreste a monotonia alvar das dunas. Nada.

5 DE AGOSTO

Fortaleza em frente. Descemos às dez. Automóvel de cá pra lá no ar de limpeza. Mercado, onde compro esteira de carnaúba e goiabada deliciosa. Igrejas sem interesse e o bonito parque da Liberdade. Almoço na Rotisserie com vatapá com leite de coco, maravilha! Tomo nota conscienciosamente das despesas, pagas a dinheiro de não sei quem, barman de bordo? capitão? que dona Olívia me passa. Reparto sempre as despesas comuns, com uma honestidade irritadiça de mais pobre — o que não vai sem graves inconvenientes pra mim. Dona Olívia bem que me censura, se inquieta, eu também me censuro! sei que é bobagem, mas quando chega a hora das contas, não me aguento por debaixo! sou uma besta. Estrada de Maranguape, leite de coco no Balneário, praia de Iracema. Cometo a sem-vergonhice incrível de colher conchinhas da praia de Iracema, me sinto vil como a virgindade. Estrada de ferro do Baturité? "É." "Muito obrigado." "Não por isso." E o embarque difícil, mar grosso. Em Manaus tinha a igreja do Pobre Diabo, em Fortaleza a igreja do Pequeno Grande...

6 DE AGOSTO

Em Areia Branca, porto de Mossoró. Quatro vapores cargueiros, barcaças... Trinta e duas jangadas revoando branquinhas, pousando de pouco em pouco na água picada. Não se desce, estamos muito longe da praia. Trabalho penosíssimo das barcaças veleiras neste mar bravo, atracando com habilidades incríveis no *Baependi*, com cargas de algodão, sal, caolim.

"Seu Artus, sua mala já veio, não já?"
"Arreia, Chico!"
"Não foi você que trouxe uma mala, não?"
"Foi sim."
"Você não pode dá uma mão pra passar ela do outro lado?"

"Posso."
"Larga essa espinha de bagageiro d'aí!"
"Larga essa espinha de bagageiro!"
Içaram então, entre umas velhas decadentes, uma criança de seus quatro anos, cinco, com uma expressão tão inconcebível de terror que ninguém conseguia olhar para ela, virávamos os rostos.
Já são quase dezenove horas na tarde tempestuosa e vamos partir.
"Êh, Chico Chagas!"
"Que foi?"
"Ficou três volumes seus!"
"Ficou não! Ficou?"
O outro cai na risada e abre as asas da barcaça. Chico Chagas cai na risada também. É negro, bonito, dentadura inteira. E a barcaça dele se chama *Liberty*. Se chama *Liberty*.

7 DE AGOSTO

E a entrada linda de Natal pelas doze horas. Manso o Potengi. Forte dos Reis Magos a bombordo. Estamos enfim no Rio Grande do Norte, propriedade do meu amigo Luís da Câmara Cascudo, quem será? São dezenas de barquinhos se aproximando do *Baependi*. Nisto vejo um rapaz gesticulando imensamente, exatíssimo no estilo das cartas do Cascudinho, era ele. E era mesmo. Em terra, apresentações, o simpático prefeito O'Grady, o secretário-geral de Estado. Autos. A praia maravilhosa de Areia Preta, Petrópolis, Refoles, Reservatório. Encontro o poeta Jorge Fernandes na casa dele, encorujado. Cerveja no restaurantinho. E o jantar na Escola Doméstica, Butantã de Natal.

Sem discurso. Partimos já bem dentro da noite. Vida de bordo se preparando pra dormir.

8 DE AGOSTO

Pelas sete horas Cabedelo numa invasão de mendigos. Não dá tempo pra se ir até Paraíba capital. Ninguém quer descer. Eu desço e passeio só, acompanhado de um piloto do *Baependi*. Fotos, redezinha pra bonecas, água de coco, coco verde, bananas magníficas, jangadinhas de brinquedo. Partimos duas horas depois. Vida de bordo. Desde Fortaleza viaja conosco esse curioso fenômeno social, muito conhecido dos viajantes, que se chama Família Brasileira. Ôh, quem não conhece esse estranho fenômeno das navegações, chamado Família Brasileira!... É assim: um homem de bom parecer, mas com ar de cansado, bem lento nos gestos que terminam coçando o cabelo meio crespo. Ele vem ao chamado de uma cunhã encardida e magruça, vestida na penúltima moda, com muita segurança. Só os cabelos, ela os tem mais ou menos indecisos, querendo escorrer pela cara, onde existem uns bonitos olhos parados e um "Meu Deus! estas crianças!" muito desolado. Então ela se agacha ali mesmo, pra apartar a briga dos dois filhos menorzinhos, ambos berrando por causa da bala que o Zezé roubou da Arlindinha e chupa numa conta, sujando o tombadilho com a baba alvar. A encardida enfia o indicador, tão comprido que não para mais, na boca berrante do Zezé, parece que estão matando o menino, remexe o dedo lá dentro e afinal acaba descobrindo a bala, retira a dita e bota nas mãos da Arlindinha. Esta só de pique atira a bala que é de goma, no chão limpinho do tombadilho. A cunhã, desolada, chama o marido outra vez e pede o lenço, ao mesmo tempo que muito pachorrenta mostra a bala de goma grudada no chão. O marido empresta o lenço pra dona que enxuga malemal a mão suja da gosma açucarada do Zezé. Então o marido, que é mais cerimonioso, olha de um lado e do outro, mas que há de fazer, nós estamos ali mesmo, se agacha, agarra a bala de goma com o lenço e vai jogá-la no mar. Arlindinha porém, tinha jogado a bala de goma no chão só de pique, de forma que quando viu o pai jogar a bala fora, desaperta em gritos tão lancinantes que até vem mais gente pra ver. A mãe, que está sentada na minha cadeira alugada por mim, balanceando o Zezé no colo, diz com ar muito sossegado: "Não faz mal, Arlindinha, depois tua mãe compra mais goma pra ti". Mas Arlindinha não para o choro e a mãe com o pai se embalançam no choro conhecido, sentados em nossas cadeiras do deque de bombordo, que é o lado da fresca do mar. Si alguém se incomoda com aquele choro tão angustiado das crianças, a mãe e o pai sorriem, falando que é assim mesmo. E pela quadragésima sétima vez a cunhã fala mole "Cala a boca, Zezé", e o marido fala sem jeito "Chora não, Arlindinha"... e é só. E os dois, com as crianças nos colos, ficam cochilando nas vossas cadeiras, depois da cunhã examinar bastante as vossas roupas e lançar um olho de censura ao marido. Se percebe que ela diz por dentro: "Está vendo! dessa roupa é que eu quis comprar, você achou indecente!". As crianças estão parando o choro e é milhor a gente esperar aqui mesmo. No deque de estibordo não se pode ir, que estão os três filhos mais velhos da Família Brasileira, três machinhos já taludos, de calças curtas, já fumam, brincando de atirar uma bola de borracha dura, que não acerta neles, são tão espertinhos que desviam: acerta nos outros. No salão a herdeira mais velha com ares lânguidos, faz muxoxo si você entra lá e atrapalha o namoro dela com o taifeiro.

Pelas quatorze horas conseguimos nos distrair com o Recife num sol esplêndido. Tinha telegrafado ao Ascenso Ferreira, pedindo dinheiro. Nada de Ascenso no cais. Então fomos ver o peixe-boi.

Peixe-boi

O que valeu mesmo a pena foi ver o peixe-boi. Come erva com muita educação, sem fazer bulha nenhuma e só entreabrindo a boca. Si falasse, eu mandava ensinar italiano a ele, e o punha num restaurante obrigatório em São Paulo, pra ensinar os meus patrícios a comer. Infelizmente não fala não. O peixe-boi é uma baleia que só por desânimo deixou de crescer mais. Tem uma cara parecida com a do hipopótamo e traz os olhos sempre debaixo d'água, com pudor. As nadadeiras são de uma espécie de metal prateado, da família das platinas, e delas se extrai uma graxa boa pra curar doenças do fígado, congestões, mordeduras de mosquito e espinhela caída. Pra contusões é tiro e queda. O peixe-boi bota ovos róseos que são chocados ao sol pela municipalidade. Os filhotes saem munidos de asas pequeninas (que logo perdem) com as quais atingem as correntes do Amazonas e vão crescer no lago Lauricocha, até a idade de razão. Apreciamos muito o peixe-boi.

Jantar no Leite. Está chovendinho um ar tristonho na noite. Os meus companheiros vão pra bordo, enquanto busco Inojosa. Não está no Recife, me respondem no jornal. Vou pra bordo, nada do Ascenso. Chuvisca fino e frio. Saio à procura do Ascenso. De repente dou com o rio. Volto em sentido contrário e de repente dou com o rio de novo. Chove franco agora.

O centro comercial está deserto. Não sei pra que lado hei de ir. Lembro tomar um auto, não tenho dinheiro. Nem sei direito o novo endereço do Ascenso. Estou completamente molhado. Sinto frio. Passam homens retardatários na rua completamente deserta. Penso que vêm me prender. Não, vêm me roubar. Dou uma risada alta. Os homens me olham meio assustados.
"Os senhores podem me dizer pra que lado fica o cais?"
Com grande gentileza me indicam tudo.
"Muito obrigado."
"Não por isso."
Chego a bordo destroçado, é meia-noite.

9 DE AGOSTO

Vida de bordo. Na Família Brasileira ainda existe a chamada exceção loura, descendente de holandeses, pelo que dizem os pernambucanos. Não a nomeei ontem porque estava doentinha, a mãe nos conta, com os intestinos desarranjados. Se chama Gracette, palavra, e terá seus seis anos, mais velha que o Zezé e a Arlindinha, mais nova que os três guris taludos. O pai chega e diz:
"Gracette, quem é a menina mais bonita de bordo?"
"Sou êêêeu."
"Gracette, olha, o doutor está falando que você é feia."
Gracette fica desapontada, os beicinhos tremem, se agarra na mão do pai:
"Pode mentir que eu sou feia, pode!"
E desata a chorar. Então o pai empresta o lenço à mãe e etc. Maceió está à vista, são quinze horas. Descemos no barco

de vela. Auto. Vamos ao Bebedouro, bem no alto, contemplar as alagoas, Butantã de Maceió. Não, o Butantã de Maceió é o sururu, provado numa tigelada, a bordo, mais sublime do mundo. Que suavidade meiga no açucarado da carne rija e sadia. Maceió, feiosinha...

10 DE AGOSTO

Vida de bordo esperando a Bahia, que só aparece pela tarde. Sou o primeiro a ver Tarsila e Osvaldo no cais, nos pegando de surpresa. Alegria sem limites mais. Passeios às gargalhadas. Jantar na Petisqueira Baiana, jantar mais pesado do mundo, com vatapá, moqueca de peixe e efó. O efó, assim preparado, é o único prato masoquista que conheço. Você come e tem a sensação convulsionante de estar sendo comido por dentro. É terrível, mas gostosíssimo. A bordo. Que pensar em dormir nem nada! conversas paulistas, blagues, artes. Osvaldo aparece num paletó mirabolante, amarelo, pardo e preto, numa completa ausência de malícia.

11 DE AGOSTO

Não houve onze de agosto em 1927.

12 DE AGOSTO

Pouco depois do almoço entramos sensacionalmente em Vitória, baía de Guanabara *ad usum delphini*. É uma maravilha!

Tocamos tudo com a mão. Porém, depois de tanto Nordeste, ao descermos no cais logo principiamos a ver homens *grandeur nature*. Mercado. Compro um boi zebu de barro cozido. Manias do Osvaldo: embarcamos em dois automóveis de trote e subimos até a cidadinha de Serra, indignados com a facilidade dos desenhos da montanha. E por causa dessa perda de tempo perdido, não pudemos ir visitar o Grande Lama do Tibé, que mora no convento da Penha, no monte Atos. Janta no José Portuga. Péssima. Visita à praia Comprida ao luar. Sempre é luar e sempre é praia, delícia. Chegamos a bordo pela meia-noite.

13 DE AGOSTO

Às seis e quinze exatamente partimos de Vitória entre cores sensacionais. Vida desagradável de bordo, vencendo a última etapa marítima da viagem, já não é viagem mais, e estamos não chegados, coisa idiota. Pelas vinte e três horas o farol do Cabo Frio à vista. É milhor ir fazer minhas malas e ver si consigo dormir. A tempestade cai e avança pela madrugada, atrasando o navio.

14 DE AGOSTO

E eis que se chegou enfim na imensa baía de Guanabara, onde o sol mora. Chuvisca. Descemos às nove. Jaime Ovalle, Dante Milano, Manu, Antônio Bento, deliro. Mas corro ao Copacabana Palace, emprestar dinheiro do Paulo Prado pra pagar minhas dívidas. E não descanso enquanto não pago tudo, até minhas passagens do noturno pra São Paulo. Almoço na Minhota, com Osvaldo, Tarsila, Dolur. Depois uísque com água de coco (aqui já não é a mesma coisa) na Casa Simpatia, Antônio Bento, Mary, Manu, o grupo. Janta-se num frege. Na estação Prudentinho e Iná, Sérgio Buarque de Holanda, Gallet e Luísa, Mary, Manu, Ovalle, Dante Milano, Dodô. Partimos dona Olívia, Goffredo da Silva Telles, Clóvis Camargo e eu.

15 DE AGOSTO

São Paulo, gozo amargo de infelizes... Trem desencarrilhado na nossa frente, nos para em Luís Carlos pouco antes de Mogi. Dona Olívia e companheiros partem de automóvel chegado. Não aceito lugar, esperando os meus. Besteira, desespero. Mando buscar auto em Mogi pra mim, e na bruta contrariedade em que estou, ainda sou obrigado a compartilhá-lo com um desconhecido, o sr. dr. Abelardo César, que se oferece pra vir comigo e racharmos despesas. Aceito a companhia, que hei de fazer! Recuso a rachação, o auto já estava alugado mesmo, seria uma indelicadeza pra comigo mesmo aceitar. E o pior é que desencontro de meus manos e amigos, que tinham tomado automóvel e ido me buscar. Bolas! Enfim, pelas quatorze horas, são exatamente quatorze horas e onze minutos e doze segundos, na "minha" casa, com os "meus", com a "minha" gente. Fecha bem a porta, Bastiana! Fecha a porta com chave, Bastiana! Atira a chave na rua!

No furo de Barcarena (Manaus)
Atirando a tarrafa
Tarrafeando
7 jun. 1927

APÊNDICE

DE COMO VI AS AMAZONAS
(SÁTIRA À MULHER MODERNA)

Só as encontro no rio Madeira, donde de fato elas tiravam o nome esse chamavam as Paus.

Gostavam muito de falar palavras feias, que era um jeito ostensivo de mostrar liberdade e independência.

Estavam numa fase de transição abandonando a lei antiga. Mas ainda não tinham nenhuma lei moderna, e era aquela meleca.

Gostavam de mostrar erudição. Esportivas demais e fortíssimas. Não só queimavam um seio agora, mas não tinham seio nenhum, como Antinous.

A filosofia, a sociologia, a psicanálise. Eram totalmente complexentas e não acreditavam na existência de Deus.

De antigamente só conservavam o exercício da lágrima, não porque não conseguissem dominar essa frequente prática feminil, mas por comerciantes, melhor dominar.

Os filhos. Os filhos davam-nos às avós e às amas mas gostavam de criar animais, tendo especial afeto pelos candirus incandescentes.

Detestavam os romances, mas algumas eram poetisas e outras contistas.

As Paus em geral têm muito medo de baratas, razão pela qual muitas emigram, indo naturalmente pra São Paulo.

Ler Cascudinho, *Antologia folclórica*, p. 15.

[A SANTA DA PEDRA]

É um paroara da terceira classe que me conta o caso:
 A Santa da Pedra, perto da cidade de Bonito, no agreste pernambucano, ninguém a via, toda a gente fazia promessa, ia até lá, davam bezerro, galinha, dinheiro, ninguém não a via, só raríssimos. Um dia foi lá um moço e adorou a santa vários dias. Já se realizavam romarias, e diabo, e o governo temendo uma Juazeiro nova mandou até uma força lá acabar com aquilo. O sargento mandou a santa sair lá do fundo da pedra, ela não saiu, ele mandava, e ela nada. Afinal saiu. Era uma moça e estava grávida. Faz pouco inda morreu uma neta dela na cidade do Recife.

5 DE AGOSTO. JOSÉ ALBANO

Estou me lembrando do que Paulo Prado e o filho me contaram de José Albano. José Albano era cearense.
 Era cearense.

Falava muitas línguas vivas, todas as principais e o árabe e correntemente o latim e o grego clássicos.

Era alto, pálido, usava barba, duma maravilhosa beleza física. Sempre com uma enorme faca no colete e que jogava como ninguém.

Dizia que na Espanha fizera uma conferência e os críticos garantiram que, depois de Cervantes, ninguém escrevera tão lindo e perfeito espanhol.

Dizia na sua loucura que não pudera viver em França porque a Academia Francesa, vendo que ele escrevia melhor que todos e dispunha melhor que todos dos segredos do bem escrever, o tinha indisposto com Clemenceau e este o expulsara do seu convívio e da França.

Um dia foi visitar Paulo Prado no hotel em Londres.
Paulo Caio: "Meu pai está no banho".
José Albano: "Que grego!".

Chegou no escritório de Paulo Caio em Londres, tirou serenamente a capa (vivia sempre envolto numa capa grande), e com um manejo rápido fez a faca saltar e espetar-se na mesa. Acariciou o cabo dela e falou:
"Vou à França matar Clemenceau. Os únicos meus protetores, Paulo Caio, são você e o cônsul. Mas agora Clemenceau, que tem ódio de mim porque lhe conheço todos os segredos, está me indispondo com Jorge v e isso não quero mais suportar." Guardou a faca, envolveu-se na capa, sentou num canto do escritório e aí ficou tempo. Depois saiu mansamente.

O cônsul arranjou pra que quatro sonetos dele fossem publicados no *Times*. No próprio suplemento do *Times* um crítico dizia que se todos os sonetos de Shakespeare não fossem conhecidos, certamente se lhe atribuiriam mais aqueles quatro.

Contava: vocês pensam que a Inquisição acabou no Brasil? Não acabou não. Existe ainda num convento do Recife, muito escondido do mundo. (Aqui uma descrição sucinta do convento, da paisagem, da vida *medieval* brasileira dos frades e descrição dos suplícios que sofrera.) Mas sabem por que pude aguentar?

Foi então que aprendi a ubiquidade (é "ubiquidade" mesmo que se diz?). Quando pela segunda vez vieram me torturar, saí do meu corpo, deixei que ele sofresse, que horrores divisei no meu pobre rosto, com que melancolia contemplei meus membros torturados e os esgares! Acabada a tortura entrei no meu corpo outra vez.

Foi essa também a razão por que não morri quando tive meu duelo com o barão do Rio Branco. A bala entrou-me pelo sacro, furou dezoito vezes meus intestinos e depois de atravessar-me o coração, desviada pela massa pulmonar, penetrou-me a espinha e percorrendo-a ascendentemente veio alojar-se na massa encefálica no lobo (tal). Tombei de borco enquanto meu adversário, nervosamente enxugando as camarinhas, murmurava, "foi um grande latinista". Mas eu saíra do meu corpo e andei pervagando pela manhã rupestre. Depois tornei a entrar nele quando tudo sossegou.

Mas o que se dizia é que o barão do Rio Branco, notando a inteligência prodigiosa de José Albano, o fizera trabalhar demais. E daí a loucura do moço.

Também a Inquisição do Recife era explicável. Lá o poeta estivera internado num hospício e decerto bateram nele, por tantos tratamentos da inconsciência de que são capazes enfermeiros e os homens no geral.

DIA_____
[O PAI DOS CEARENSES]

Hoje o paroara da terceira me contou uma história bem picante, nem sei si devia repetir...

Diz-que antigamente os cearenses eram fisicamente mais bem-dotados que qualquer homem da terra. Ninguém poderia nunca apostar com eles nos passes e encompridamentos do gosto de amor, pois além de poderosissimamente servidos, os cearenses, o que cada mortal homem possuía num par apenas, eles possuíam nada menos que quatro. A tal de imperatriz com eles, não havia de se cansar somente, ficava mais que saciadíssima. Mas tudo foi isso de irem para o Amazonas. Não vê que o Pai dos Cearenses era um homem guapo mesmo, desses descritos acima, só que excepcionalmente bem provido e bem-disposto. Tão bem-disposto que não se sujeitou com o sofrimento danado quando a seca bateu de verdade pela primeira vez no Nordeste. "Vamos pro Amazonas", ele disse. "Tem água." E partiu com todos os paroaras.

Bem: chegou aqui, era enérgico mesmo, ganhou muito dinheiro que, quando era por demais, ele dava uma chegada em Manaus pra gastar. Acendia charuto com nota de quinhentos mil-réis, perdia oitenta contos numa noite de jogo sem piscar. Ficou logo o maior jogador do Amazonas, como já corria fama que era o maior amante do mundo. Isso, homem casado pra ele era menos que nada e as senhoras andavam mas satisfeitíssimas.

Pois não é que de repente o Pai dos Cearenses deixou de dar em cima de nenhuma! Foi um escândalo medonho e não se falava noutra coisa, até que veio-se a saber a razão. O Pai dos Cearenses agora andava nada mais nada menos que maridado com a Iara. É que um dia a fama dele acabou chegando no fundo do rio imenso e a Iara ficou muito ciumenta. Assentada naquele mundão de esqueletos que a tinham desiludido, imaginou como seria aquele cearense tão rico que, em vez de dois, possuía quatro nuquiiris. Então mandou propor casamento a ele, que isso de deusa é casamento no duro, não tinha amigação nem bigamia. Dependência ou morte.

Vai o herói aceitou que a glória de ser marido da Iara, só mesmo cearense é digno disso. A deusa impusera uma condição que ele jurou sem hesitar, até se rindo: cada vez que o desejo chegasse e ela pedisse, ele tinha que largar o seu trabalho, largar tudo e ir lá no fundo do rio pra brincar. E foi sublime, meu filho. A noite de núpcias até muitos peixes morreram porque tomados de espavento da luta entre aqueles dois amantes fortíssimos, esqueceram de respirar. A deusa não se saciava mas quem disse o Pai dos Cearenses ficar atrás! Até que romperam as barras da aurora e o Pai dos Cearenses teve que ir no seringal, foi. Era aquela energia assombrosa... Numa hora golpeou setenta seringueiras, mas de repente parava o trabalho e ficava rindo sozinho. É que o Pai dos Cearenses estava lembrando a noite boa que passara.

Nisto, não fazia nem duas horas que ele estava trabucando, chegou uma abelhinha zumbindo, zumbiu bem rodeando a cabeça dele e contou que a Iara já estava querendo outra vez e mandava chamar. Ele fez que sim e foi. Voltou meia hora depois meio envermelhecido e de vez em quando lá chegava a abelha zumbindo porque a Iara mandara chamar. E o Pai dos Cearenses ia.

Sucedeu porém que ele ajuntara, naquele fim de colheita, pra mais de duzentos contos e ficara o homem mais rico do mundo. Então foi questão dele ir aplicar aquela dinheirama toda no jogo em Manaus. Falou com a deusa e ela secundou logo que por isso não, porque podia se mudar para o palácio que tinha lá no fundo do rio Negro, foram.

Quando o Pai dos Cearenses chegou em Manaus ali por volta do meidia, se dirigiu imediatamente pro cassino. Era cedo, muito, mas sempre pôde bancar um bacará bravinho. Mas nem bem estava ali duas horas e perdera apenas uns vinte contos, que a abelha chegou zumbindo e disse aquilo que sabemos. O Pai dos Cearenses pediu licença com muita delicadeza, falando que ia lá dentro. Quando ele virou as costas, todos riram porque a felicidade dele era mais que sabida do mundo.

Ao cabo de meia hora o Pai dos Cearenses voltou meio envermelhecido e caíram no jogo outra vez. Ao cabo de outras duas horas chegou a abelha com aquele zumbido, zum-zum--zum, e o Pai dos Cearenses já perdera bem trinta e cinco centos. Pediu licença, foi, e assim o jogo já se interrompera quatro vezes, quando a abelhinha chegou com aquele zumbido infernizante, zum-zum-zum, e agora o Pai dos Cearenses estava ganhando quinze mil-réis. Isso também era por demais, e o herói gritou embrabecido, "Deixo o jogo não! Diga a ela que vá plantar batatas!". A abelhinha foi.

Já era mais de meia-noite, todos estavam caindo de sono e o Pai dos Cearenses perdera toda a sua riqueza. Quando ele voltara ao seu lar do fundo do rio depois de entardecer! A deusa devia estar furiosa... Estava não. Quando ele chegou, se barbeou pra não espinhar muito e foi aproximando daquela cama bonita, de ouro e prata, meio ressabiado, que dúvida! a Iara até sorriu pra ele, molenga, e ergueu aqueles braços lindos, cor mesmo de leite novo da seringueira. E o Pai dos Cearenses, compadecido de tamanho amor, afundou naquela gostosura.

Mas que gostosura aquela que ele jamais provara assim tão nova! Era esquisito... jamais que o prazer não se abrira tanto e depois se fechava e vinha cerrando, cerrando como um ímã que guardasse tudo, tudo, até os nuquiiris! O Pai dos Cearenses deu um urro deliciado e surpreendido:

"O que vassuncê está fazendo, dona!", ele exclamou.

"Estou plantando batatinhas."

Ele meio que não compreendeu e foi pra esconder o quengo nos lindíssimos cabelos verdes da Iara, mas nisto ligou os fatos e ficou horrorizado. Quis se afastar da deusa mas percebeu que estava preso. Aí o Pai dos Cearenses, que era mesmo enérgico, berrou que nem touro, deu um safanão tal que foi aquela pororoca nos rios. Mas o Pai dos Cearenses conseguira se livrar, todo sangrando. A Iara rindo muito, se espreguiçava naquele riso perverso, foi-se espreguiçando, espreguiçando, dissolvendo, dissolvendo e virou um estirão alvo de praia. Logo foi subindo nos ares aquela palmeira linda e aqueles dois pés robustos de batata. E quando o Pai dos Cearenses foi ver, estava cortado pela metade e só com duas batatinhas. As outras, Iara plantou.

Os cearenses sempre foram muito mais heroicos e animosos que os gaúchos. Só que por causa da malvadeza da Iara, eles ficaram igualmente como os outros homens desse mundo. Quer dizer, um pouco menorzinhos.

O sítio se chamava "Felicidade"
A poesia de Einstein
Solimões, 9 jun. 1927

Sol na cara do Peru
Alto Solimões, 26 jun. 1927

SOBRE O AUTOR

MÁRIO RAUL DE MORAES ANDRADE nasceu em São Paulo, em 1893. Aluno e depois professor no Conservatório Dramático e Musical da capital paulista, publicou seu primeiro livro, *Há uma gota de sangue em cada poema*, em 1917. No mesmo ano, teve encontros fundamentais com Anita Malfatti, Oswald de Andrade, Guilherme de Almeida, Ribeiro Couto, Di Cavalcanti e outros protagonistas da nascente cena modernista paulistana. Em 1922, quando já era intensa a sua participação no debate crítico e artístico em revistas, jornais e livros, participou da Semana de Arte Moderna com a leitura de um texto teórico, *A escrava que não é Isaura*.

Entre maio e agosto de 1927, realizou a "viagem etnográfica" ao Norte do Brasil que seria registrada neste livro, publicado postumamente em 1976 e em edição crítica, organizada por Telê Ancona Lopez e Tatiana Longo Figueiredo, em 2015, pelo Iphan. No mesmo ano da expedição à Amazônia, iniciou suas experiências com a fotografia, que se estenderão até 1931, formando um conjunto de imagens de alta relevância para a história da fotografia brasileira. Em 1928, publicou a rapsódia *Macunaíma* e fez sua segunda viagem etnográfica, para documentar o folclore do Nordeste. Os diários dessas viagens, assim como a vasta correspondência que manteve com escritores como Manuel Bandeira e Carlos Drummond de Andrade, vêm sendo reconhecidos pela crítica não apenas por sua importância para a história da cultura brasileira, mas também por seu valor literário, comparável ao de sua ficção e poesia.

Na década seguinte, cresceu sua atuação como crítico, pesquisador e intelectual público, exercendo influência decisiva sobre as novas gerações de escritores. Entre 1935 e 1938, foi diretor do Departamento de Cultura da Prefeitura de São Paulo, tendo criado políticas públicas e projetos culturais inovadores que permaneceriam como referência até os dias de hoje.

Morreu em fevereiro de 1945, em sua casa, na rua Lopes Chaves, na Barra Funda, São Paulo, deixando um farto acervo de notas, pesquisas, documentos e manuscritos inéditos, conservados no arquivo do Instituto de Estudos Brasileiros da Universidade de São Paulo e organizados e publicados ao longo das décadas seguintes.

SOBRE A ORGANIZADORA

FLORA THOMSON-DEVEAUX é formada em espanhol e português pela Universidade de Princeton e tem doutorado em estudos portugueses e brasileiros pela Universidade Brown. Traduziu para o inglês *O turista aprendiz*, de Mário de Andrade (*The Apprentice Tourist*, Penguin, 2023), e *Memórias póstumas de Brás Cubas*, de Machado de Assis (*The Posthumous Memoirs of Brás Cubas*, Penguin, 2020). Nascida em 1991, em Charlottesville, na Virginia, Estados Unidos, trabalha como diretora de pesquisa da Rádio Novelo, no Rio de Janeiro, tendo participado da criação, pesquisa, roteiro, produção e apresentação dos podcasts Praia dos Ossos, Crime e Castigo e Rádio Novelo Apresenta, que teve roteiros de sua autoria ("Os sapos" e, com Paula Scarpin, "O burro do Caetano") publicados em plaquetes pela Janela/MapaLab, em 2024.

NOTA EDITORIAL

Esta edição tem como base o manuscrito de 1943 deixado pelo autor em seu espólio literário, conservado no Instituto de Estudos Brasileiros da Universidade de São Paulo — IEB-USP. O texto foi digitado, cotejado e atualizado segundo a norma ortográfica atual, preservando, no entanto, certas peculiaridades da escrita de Mário de Andrade.

CRÉDITO DAS IMAGENS

As imagens reproduzidas nesta edição integram o conjunto de mais de quinhentas fotografias tiradas por Mário de Andrade com sua "codaque" durante a viagem à Amazônia em 1927. O acervo está no Arquivo do Instituto de Estudos Brasileiros da Universidade de São Paulo (IEB-USP), no Fundo Mário de Andrade, com os códigos de referência listados abaixo.

p. 4 — *Na lagoa do Amanium perto do igarapé de Barcarena, Manaus — 7 jun. 1927.* MA-F-0250. Mário provavelmente se equivoca na localização ou na datação da imagem, pois esteve em Barcarena, nos arredores de Belém, em 25 de maio, e em Manaus e adjacências entre 5 e 9 de junho.

p. 22 — *Praia do Chapéu Virado, Belém — maio 1927.*
MA-F-0175

p. 24 — *O tapuio de Santarém — 31 maio 1927.*
MA-F-0212

p. 33 — *Abrolhos — 13 maio 1927.* MA-F-0142

p. 41 — *Velas do Amazonas — 1927.*
MA-F-351

p. 55 — *Veneza em Santarém, (É o hotel) — 31 maio 1927.*
MA-F-0205

p. 57 — *Procissão de Maria, Santarém — 31 maio 1927.*
MA-F-0209

p. 69 — *Na lagoa do Amanium, arredores de Manaus — 7 jun. 1927.* MA-F-0254

p. 81 — *Aposta de ridículo, Tefé* — *12 jun. 1927.* MA-F-0273

p. 91 — *Assacaio* — *17 jun. 1927.* MA-F-0281

p. 135 — *Puxando cabo pra consertar palheta* — *8 jul. 1927.* MA-F-0411

p. 202 — *No furo de Barcarena, Manaus* — *7 jun. 1927.* MA-F-0237. Mário provavelmente se equivoca na localização ou na datação da imagem, pois esteve em Barcarena, nos arredores de Belém, em 25 de maio, e em Manaus e adjacências entre 5 e 9 de junho.

p. 211 — *O sítio se chamava Felicidade, Solimões* — *9 jun. 1927.* MA-F-0259

p. 212 — *Sol na cara do Peru, Alto Solimões* — *26 jun. 1927.* MA-F-305

© Tinta-da-China Brasil
Da apresentação © Flora Thomson-DeVeaux, 2024

Esta edição segue o Novo Acordo Ortográfico da Língua Portuguesa, preservando particularidades da escrita de Mário de Andrade

1ª edição: out. 2024, 3 mil exemplares

EDIÇÃO Mariana Delfini • Paulo Werneck (Tinta-da-China Brasil)
PREPARAÇÃO Cristina Yamazaki
COTEJO Luiza Gomyde
REVISÃO Karina Okamoto • Tamara Sender • Henrique Torres
CAPA E PROJETO GRÁFICO Vera Tavares
COMPOSIÇÃO Denise Matsumoto • Isadora Bertholdo
MAPAS Giovanna Farah

Texto de apresentação publicado mediante acordo com Penguin Classics, selo de Penguin Publishing Group, uma divisão da Penguin Random House LLC

TINTA-DA-CHINA BRASIL
DIREÇÃO GERAL Paulo Werneck • Victor Feffer (assistente)
DIREÇÃO EXECUTIVA Mariana Shiraiwa
DIREÇÃO DE MARKETING E NEGÓCIOS Cléia Magalhães
COORDENADORA DE ARTE Isadora Bertholdo
DESIGN Giovanna Farah • Beatriz F. Mello (assistente)
          Ana Clara Alcoforado (estagiária)
ASSISTENTE EDITORIAL Sophia Ferreira
COMERCIAL Lais Silvestre • Leandro Valente • Paulo Ramos
COMUNICAÇÃO Clarissa Bongiovanni • Yolanda Frutuoso
              Livia Magalhães (estagiária)
ATENDIMENTO Joyce Bezerra

Todos os direitos desta edição reservados à
Tinta-da-China Brasil/Associação Quatro Cinco Um

Largo do Arouche, 161, SL2 República • São Paulo • SP • Brasil
editora@tintadachina.com.br • tintadachina.com.br

DADOS INTERNACIONAIS DE CATALOGAÇÃO
NA PUBLICAÇÃO (CIP) DE ACORDO COM ISBD

A553t Andrade, Mário de
   O turista aprendiz: viagens pelo Amazonas até o Peru, pelo
   Madeira até a Bolívia e por Marajó até dizer chega - 1927
   / Mário de Andrade ; organizado por Flora Thomson-
   DeVeaux. - São Paulo : Tinta-da-China Brasil, 2024.
   224 p. : il. ; 14cm x 19,5cm. – (Literatura de viagem)

   ISBN 978-65-84835-30-6

   1. Literatura brasileira. 2. Literatura de viagem. 3.
   Modernismo. I. Thomson-DeVeaux, Flora II. Título.
   III. Série.

             CDD 869.8992
   2024-2251   CDU 821.134.3(81)

Elaborado por Odilio Hilario Moreira Junior - CRB-8/9949

ÍNDICES PARA CATÁLOGO SISTEMÁTICO

1. Literatura brasileira 869.8992
2. Literatura brasileira 821.134.3(81)